"十三五"国家重点图书出版规划项目

《中国经济地理》丛书

孙久文　总主编

西部经济地理

胡安俊◎著

XIBU

经济管理出版社
ECONOMY & MANAGEMENT PUBLISHING HOUSE

图书在版编目（CIP）数据

西部经济地理/胡安俊著 . —北京：经济管理出版社，2020.10
ISBN 978 - 7 - 5096 - 6432 - 2

Ⅰ.①西… Ⅱ.①胡… Ⅲ.①西部经济—经济地理 Ⅳ.①F129.9

中国版本图书馆 CIP 数据核字（2020）第 233317 号

组稿编辑：申桂萍
责任编辑：申桂萍　王虹茜
责任印制：赵亚荣
责任校对：陈晓霞

出版发行：经济管理出版社
　　　　　（北京市海淀区北蜂窝 8 号中雅大厦 A 座 11 层　100038）
网　　址：www. E - mp. com. cn
电　　话：（010）51915602
印　　刷：唐山昊达印刷有限公司
经　　销：新华书店
开　　本：720mm×1000mm/16
印　　张：14.75
字　　数：241 千字
版　　次：2020 年 10 月第 1 版　　2020 年 10 月第 1 次印刷
书　　号：ISBN 978 - 7 - 5096 - 6432 - 2
定　　价：78.00 元

总　序

今天，我们正处在一个继往开来的伟大时代。受现代科技飞速发展的影响，人们的时空观念已经发生了巨大的变化：从深邃的远古到缥缈的未来，从极地的冰寒到赤道的骄阳，从地心游记到外太空的探索，人类正疾步从必然王国向自由王国迈进。

世界在变，人类在变，但我们脚下的土地没有变，土地是留在心里不变的根。我们是这块土地的子孙，我们祖祖辈辈生活在这里。我们的国土有960万平方千米之大，有种类繁多的地貌类型，地上和地下蕴藏了丰富多样的自然资源，14亿中国人民有五千年延绵不绝的文明历史，经过近40年的改革开放，中国经济实现了腾飞，中国社会发展日新月异。

早在抗日战争时期，毛泽东主席就明确指出："中国革命斗争的胜利，要靠中国同志了解中国的国情。"又说："认清中国的国情，乃是认清一切革命问题的基本根据。"习近平总书记在给地理测绘队员的信中指出："测绘队员不畏困苦、不怕牺牲，用汗水乃至生命默默丈量着祖国的壮美山河，为祖国发展、人民幸福作出了突出贡献。"李克强总理更具体地提出："地理国情是重要的基本国情，要围绕服务国计民生，推出更好的地理信息产品和服务。"

我们认识中国基本国情，离不开认识中国的经济地理。中国经济地理的基本条件，为国家发展开辟了广阔的前景，是经济腾飞的本底要素。当前，中国经济地理大势的变化呈现出区别于以往的新特点。第一，中国东部地区面向太平洋和西部地区深入欧亚大陆内陆深处的陆海分布的自然地理空间格局，迎合东亚区域发展和国际产业大尺度空间转移的趋势，使我们面向沿海、融入国际的改革开放战略得以顺利实施。第二，我国各区域自然资源丰裕程度和区域经济发达程度的相向分布，使经济地理主要标识的区内同一性和区际差异性异常突出，为发挥区域优势、实施开发战略、促进协调发展奠定了客观基础。第三，以经济地理格局为依据调整生产力布局，以改革开放促进区域经济发展，以经济发达程度和市场发育程度为导向制定区域经济政策和区域规划，使区域经济发展战略上升为国家重大战略。

因此，中国经济地理在我国人民的生产和生活中具有坚实的存在感，日益发挥出重要的基石性作用。正因为这样，编撰一套真实反映当前中国经济地理现实情况的丛书，就比以往任何时候都更加迫切。

在西方，自从亚历山大·洪堡和李特尔之后，编撰经济地理书籍的努力就一直没有停止过。在中国，《淮南子》可能是最早的经济地理书籍。近代以来，西方思潮激荡下的地理学，成为中国人"睁开眼睛看世界"所看到的最初的东西。然而对中国经济地理的研究却鲜有鸿篇巨制。中华人民共和国成立特别是改革开放之后，中国经济地理的书籍进入大爆发时期，各种力作如雨后春笋。1982 年，在中国现代经济地理学的奠基人孙敬之教授和著名区域经济学家刘再兴教授的带领和推动下，全国经济地理研究会启动编撰《中国经济地理》丛书。然而，人事有代谢，往来成古今。自两位教授谢世之后，编撰工作也就停了下来。

《中国经济地理》丛书再次启动编撰工作是在 2013 年。全国经济地理研究会经过常务理事会的讨论，决定成立《中国经济地理》丛书编委会，重新开始编撰新时期的《中国经济地理》丛书。在全体同人的努力和经济管理出版社的大力协助下，一套全新的《中国经济地理》丛书计划在 2018 年全部完成。

《中国经济地理》丛书是一套大型系列丛书。该丛书共计 40 册：概论 1 册，思想史 1 册，"四大板块"共 4 册，34 个省市自治区及特别行政区共 34 册。我们编撰这套丛书的目的，是为读者全面呈现中国分省区的经济地理和产业布局的状况。当前，中国经济发展伴随着人口资源环境的一系列重大问题，复杂而严峻。资源开发问题、国土整治问题、城镇化问题、产业转移问题等，无一不是与中国经济地理密切相连的；京津冀协同发展、长江经济带战略和"一带一路"倡议，都是以中国经济地理为基础依据而展开的。我们相信，《中国经济地理》丛书可以为一般读者了解中国各地区的情况提供手札，为从事经济工作和规划工作的读者提供参考资料。

我们深感丛书的编撰困难巨大，任重道远。正如宋朝张载所言"为往圣继绝学，为万世开太平"，我想这代表了全体编撰者的心声。

我们组织编撰这套丛书，提出一句口号：让读者认识中国，了解中国，从中国经济地理开始。

让我们共同努力奋斗。

孙久文

全国经济地理研究会会长

中国人民大学教授

2016 年 12 月 1 日于北京

前　言

伟大的祖国幅员辽阔，千姿百态。为了让更多的人了解中国及各地区的经济社会发展历程与基本特征，我们编纂了《中国经济地理》系列丛书。《西部经济地理》没有复杂的理论推导与定量分析，着重通过对经济社会各个方面的梳理，为读者认识西部描绘一幅画像。总结起来，本书具有以下几个特点：

第一，注重特征事实的阐述。由于中国区域经济学者是经济学者、地理学者、管理学者等组成的"大集合"，区域经济研究也就没有库恩所言的统一的研究范式。可喜的是，经过最近十多年的发展，尤其是新经济地理学的发展和大量数据方法的使用，中国区域经济学与主流经济学在范式上越来越靠拢，正在逐步形成统一的研究范式。与此同时，也存在许多隐忧：越来越多的年轻学者，着力追逐主流研究范式，使用复杂的模型和浩繁的方法，对特征事实却不注重分析，这直接导致很多研究没有把握住主要矛盾，出现为论文而论文的弊端。本书着力于分析西部经济社会发展的特征事实，为进一步开展研究提供根基。

第二，注重数据分析与实地调研的结合。区域经济学的研究方法主要包括定性和定量两种类型。定性方法主要包括访谈和调研，定量方法主要包括统计学方法。实地调研是通过访谈和考察，获得感性认知，对照理论与现实，了解微观行为的主要途径。而数据分析是准确把握特征事实，并将其结果进行显性表达的最主要方法。本书是在这两种方法的结合下完成的。

第三，注重四大板块的比较，把握西部在全国的位置。本书的主题是西部经济地理，不过我在进行很多分析时，也把中国东部、中部以及东北各个省、自治区、直辖市的情况进行了展示，目的是通过四大板块及各个省、自治区、直辖市的比较，掌握西部在全国的位置。

第四，注重简约的表达方式。从写作类型上，我非常喜欢《技术的本质》

《链接》等写作类型的书。这类书简约，每一节都比较短，且注重前后衔接，读起来很容易把握整本书的"骨架"，读者不会沉浸于"树木"而迷失于整个"森林"。我希望本书能够让信息时代的读者在较短时间内获得最主要的信息，把握住"森林"的主体。

胡安俊

2020 年 3 月

目　录

第一章　环境与资源

　　自然环境与自然资源是区域经济社会发展的基础，它们在宏观尺度上决定着经济社会活动的基本类型、分布和形态，是区域经济分析的前提和基础。本节在介绍了西部地区地理范围的基础上，从地貌、气候、陆地水、土壤和生物五个方面介绍了西部地区的自然环境，从土地、水、气候、生物、矿产五个方面介绍了西部地区的自然资源。

第一节　自然环境

　　自然环境是环绕着生物的空间中可以直接、间接影响到生物生存、生产的一切自然形成的物质、能量的总体。通常而言，自然环境包括地貌、气候、陆地水、海域、土壤和生物六大部分。由于中国西部不包括海域，因此本节在阐述中国西部的地理范围之后，着力分析其余五个部分的内容。

一、地理范围

　　中国西部包括内蒙古自治区、广西壮族自治区、重庆市、四川省、贵州省、云南省、西藏自治区、陕西省、甘肃省、青海省、宁夏回族自治区、新疆维吾尔自治区12个省级行政单元，面积约为687万平方千米，约占全国陆地面积的71.5%。其中，新疆维吾尔自治区面积约为166万平方千米，西藏自治区面积约为123万平方千米，内蒙古自治区面积约为118万平方千米，这三个行政区的面积大约占全国陆地面积的42.4%。如图1-1所示。

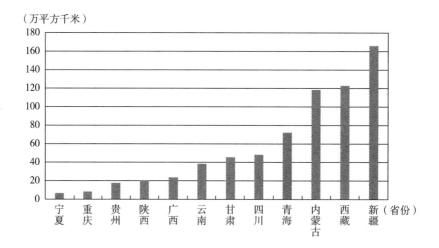

图 1-1　中国西部各省域面积

从行政区个数看，西部地区包括 130 个地级区划、1089 个县级区划、15726 个乡镇区划，分别占全国的 38.9%、38.2% 和 39.5%。

中国西部与 13 个国家相邻，从东北到西南依次为俄罗斯、蒙古国、哈萨克斯坦、吉尔吉斯斯坦、塔吉克斯坦、阿富汗、巴基斯坦、印度、尼泊尔、不丹、缅甸、老挝、越南。其中，中俄边界长约 1285 千米（减去黑龙江与俄罗斯边界长度 3045 千米）、中蒙边界长达 4670 多千米、中哈边界长约 1750 千米、中吉边界长约 1070 千米、中塔边界长约 450 千米、中阿边界长约 90 千米、中巴边界长 590 多千米、中印边界长约 1700 千米、中尼边界长约 1410 千米、中不（丹）边界长 550 多千米、中缅边界长约 2180 千米、中老边界长约 600 千米、中越边界长约 1340 千米（赵济，2015）。

二、地貌①

（一）地势呈阶梯分布

中国地势西高东低，自西向东逐级下降，呈现三大阶梯。中国西部处于第一阶梯和第二阶梯。

青藏高原是我国第一阶梯，海拔平均达 3000～6000 米。高原周围耸立着一

---

① 本节主要参考赵济. 新编中国自然地理［M］. 北京：高等教育出版社，2015.

系列高大的山脉，南侧是喜马拉雅山，北侧有昆仑山、阿尔金山、祁连山，东侧有岷山、邛崃山、横断山等排列。高原内部分布着一系列山脉，主要有可可西里山、巴颜喀拉山、唐古拉山、冈底斯山、念青唐古拉山等。山脉之间是地表起伏和缓、面积广阔的高原和盆地，并有星罗棋布的湖泊。

青藏高原外缘以北、以东，地势显著降低，东以大兴安岭、太行山、巫山、雪峰山一线为界，构成中国第二级地形阶梯，主要由广阔的高原和盆地组成，其间分布着一系列高大山地。青藏高原西北部依次分布着塔里木盆地和准噶尔盆地，两大盆地之间是天山；青藏高原东北部分布着河西走廊和阿拉善高原；青藏高原以东的第二阶梯上依次分布着内蒙古高原、鄂尔多斯高原、黄土高原、四川盆地和云贵高原。

（二）山脉众多

中国山脉众多，按照走向可以分为四种类型：南北走向的山脉、东西走向的山脉、北西走向的山脉和北东走向的山脉。中国西部的山脉主要包括前三种类型：

1. 南北走向的山脉

中国西部南北走向的山脉主要有贺兰山、六盘山、横断山等。其中，横断山脉由一系列平行的岭谷相间的高山和深谷组成，高山主要有邛崃山、大雪山、沙鲁里山、宁静山、怒山、高黎贡山等。

2. 东西走向的山脉

中国东西走向的山脉主要有三列，其中西部包括两列。最北的一列是天山和阴山，中间的一列为昆仑山、秦岭。这些山脉是中国地理上的重要界线，如阴山构成了内蒙古高原的边缘；秦岭是黄河与长江、淮河之间的"分水岭"，是区分中国南方和北方的重要地理分界线。

3. 北西走向的山脉

中国西部北西走向的山脉，包括阿尔泰山、祁连山、喀喇昆仑山、可可西里山、唐古拉山、冈底斯山、念青唐古拉山等。

（三）地貌类型复杂多样

在纵横交错形成的网格状格局骨架的山地中，中国西部分布着高原、盆地、特殊地貌三大类型。

1. 四大高原

中国四大高原——青藏高原、内蒙古高原、黄土高原和云贵高原都位于中国西部。喜马拉雅山与昆仑山、阿尔金山、祁连山之间以及岷山—邛崃山—锦屏山以西的大网格内布局着青藏高原。内蒙古高原、黄土高原、云贵高原位于第二阶梯上，受阴山、秦岭、大娄山以及桂西北山地分割，自北向南依次分布。

2. 四大盆地

中国四大盆地：塔里木盆地、准噶尔盆地、柴达木盆地和四川盆地也都位于中国西部。塔里木盆地面积约53万平方千米，位于天山与青藏高原之间，是中国最大的盆地。由于气候极端干旱，塔里木盆地中分布着中国面积最大的沙漠——塔克拉玛干沙漠。准噶尔盆地面积约38万平方千米，位于天山与阿尔泰山之间，是中国第二大盆地，盆地中有中国第二大沙漠——古尔班通古特沙漠。柴达木盆地面积约25.5万平方千米，位于昆仑山、阿尔金山、祁连山之间，为中国第三大盆地。四川盆地面积约16.5万平方千米，位于青藏高原、巫山、大娄山、大巴山之间，气候湿润，是中国富庶的地区之一。

3. 特殊地貌

（1）冰川地貌。中国西部地势高耸，在北起阿尔泰山，南至喜马拉雅山和滇北的玉龙山，东自川西松潘的雪宝顶，西到帕米尔高原之间的山巅，现代冰川广为分布。冰川上常出现冰面湖、冰穴、冰洞、冰塔、冰墙等冰晶景观。

（2）风沙地貌。中国的沙漠、戈壁主要分布在西北和内蒙古的干旱、半干旱地区。在贺兰山、乌鞘岭以西，中国的四大沙漠——塔克拉玛干沙漠、古尔班通古特沙漠、巴丹吉林沙漠、腾格里沙漠都分布在这里。在大沙漠的边缘和外围，有带状或环状的戈壁分布，以新疆东部、甘肃西北部的面积最大。

（3）黄土地貌。在中国沙漠的南缘，大致西起昆仑山，东至长白山，北起长城，南至秦岭、淮阳山地，分布着大片黄土和黄土沉积物。其中，以甘肃中部和东部、陕西北部以及山西最为集中，形成了世界上最大的黄土高原。荒漠中的风化物是黄土物质的主要来源，由于黄土质地疏松，水土流失严重，地面被沟壑分割显得特别破碎。

（4）喀斯特地貌。中国碳酸盐类岩石分布很广，尤以广西、贵州、云南东部分布最广。岩厚质纯的石灰岩经过构造运动抬升到较高位置，并发生许多断层、裂隙和节理，在低纬度湿热的气候条件下，雨水、地表水和地下水沿着灰岩裂隙不断溶蚀,形成山奇水秀的喀斯特地貌。

(5)熔岩地貌。火山锥附近常有熔岩流形成的熔岩台地分布,形成火山地貌。中国西部的火山群主要分布在昆仑山西段和中段、阴山山脉东段。

三、气候

气候是大气、海洋、岩石圈和生物圈等共同作用的结果。在气候的形成和变化过程中,海陆分布是形成大气环流的根本因子。按照纬度位置,中国秦岭以北地区属于西风带的范围,秦岭以南地区属于副热带高压及信风带的范围。但是由于巨大的欧亚大陆与太平洋两者之间的温度差,行星风系在2000米以下的近地面层的大气遭到了很大破坏,形成了独立的气候特征。地形和地表景观类型对气候要素场会产生一定程度的影响,并引起量的变化。

中国西部幅员辽阔,地形复杂,影响气候形成的环流成员多,气候类型极为多样,气候的纬向分异、经向分异和垂直分异等表现十分显著。①中国西部南北纬度差大,从南到北依次分布有热带、亚热带、温带等多个温度带。②西北深居亚欧大陆腹地,降水量总体上呈现自东南向西北减小的趋势,气候的大陆性自东南向西北增强。以淮河、秦岭、川西山地、喜马拉雅山连线为界,可分为大陆性气候区和海洋性气候区,经向分异明显。③中国西部的许多高山不仅绝对海拔很高,而且相对高度也很大,使许多地区的气候垂直分异极为明显。从自然区划的角度看,中国西部包括华中亚热带湿润地区、内蒙古中温带半干旱地区、西北中温带暖温带干旱地区、青藏高原地区等自然区划。

气候要素包括气温、降水、风、辐射、云量、日照、湿度、蒸发、积雪等,其中,地面气温和降水是最重要的气候基本要素。西部各个省域的气温和降水数据将在下一节中进行深入的分析。

四、陆地水

1. 河流湖泊

中国西部是长江、珠江、黄河等的发源地,同时还分布有多条内流河,比如塔里木河、黑河、叶尔羌河、和田河等。

根据地貌、气候、水文的差异,中国可以划分为五大湖区:青藏高原湖区、东部平原湖区、蒙新高原湖区、东北湖区、云贵高原湖区。其中,西部涉及三大湖区，主要的湖泊有青海湖、玛旁雍错、羊卓雍错、滇池、呼伦湖、纳木错、色林湖、扎日南木错、博斯腾湖、当惹雍错、乌伦古湖、鄂陵湖、哈拉湖、阿牙克库木湖、扎陵湖、艾比湖、昂拉仁错、塔若错、格仁错、赛里木湖、班公错、阿其克库勒湖、拉昂错、洱海、抚仙湖、达赉诺尔、岱海等（赵济，2015）。

2. 沼泽湿地

中国沼泽主要分布在东北地区，其次为青藏高原和西北高山地区。此外，东部广大平原和滨海地区、内蒙古和新疆内陆干旱平地地区也有零星分布。对于西部地区而言，青藏高原沼泽主要分布在青藏高原的东部，那曲河、拉萨河中上游滩地以及5000米以上的山地河谷地带。

3. 山岳冰川

中国山岳冰川集中分布于海拔3500米以上的高寒地区。根据冰川发育条件及其物理性质，中国冰川分为三种类型：第一，海洋型冰川。主要分布于西藏东南部和横断山脉，占中国冰川面积的22%。第二，亚大陆型冰川。主要分布于阿尔泰山、天山、祁连山中东段、昆仑山东段、唐古拉山东段、念青唐古拉山西段、喜马拉雅山中段和西段、喀喇昆仑山北坡，占中国冰川面积的46%。第三，极大陆冰川。主要分布于青藏高原内陆水系上源昆仑山中、西段，祁连山西段，长江源地等，占中国冰川面积的32%（赵济，2015）。

4. 地下水

受地质、地貌、气候以及水文等自然因素的控制，西部的地下水包括以下几种类型：一是松散沉积物孔隙水，昆仑山、秦岭一线以北分布广；二是喀斯特裂隙溶洞水，西部的南北都有分布，但北方的喀斯特化程度较南方低；三是基层裂隙水，西部干旱区的高山地区，降水比较丰富，且气候有明显的垂直分异，对基层裂隙水的渗入和补给量较大；四是冻土孔隙裂隙水，西部地区主要分布于阿尔泰山等纬度较高或地势较高、气候寒冷有冻土分布的地区（赵济，2015）。地下水的内容在自然资源一节中还有介绍。

五、土壤地理

西部主要土壤有干旱土、雏形土、盐成土，由北向南呈现出两种不同的土壤组合（赵济，2015）。

（1）正常干旱土—干旱正常盐成土组合。分布于贺兰山以西、昆仑山—祁连山以北的地区。

（2）寒性干旱土—永冻寒冻雏形土组合。藏北高原分布着寒性干旱土和永冻寒冻雏形土。柴达木盆地有正常干旱土分布，其周围也有寒冻雏形土发育。

六、生物地理

1. 植物

（1）温带植被分布。内蒙古高原东部分布着贝加尔针茅和羊草草原，再往西到内蒙古高原分布着大针茅、克氏针茅草原，再往西分布着冷蒿、多根葱的沙生针茅、戈壁针茅草原。阿拉善东部戈壁上分布着小片特有的三瓣蔷薇、沙冬青、四合木。河西走廊和阿拉善洪积砾石戈壁上分布着珍珠猪毛菜、琵琶柴群落。准噶尔盆地分布有蒿属短期生草类群落。

（2）亚热带植被分布。四川盆地、贵州高原分布有青冈栎、甜槠栲等常绿阔叶林，云南高原分布有滇青冈、高山栲、白皮柯等，横断山脉分布着高山栎。

（3）青藏高原植被分布。青藏高原东部分布着高山杜鹃灌丛、高寒蒿草草甸和圆柏灌丛；向西分布着高山蒿草、矮蒿草，再往西到藏北高原分布着紫花针茅、羽柱针茅（赵济，2015）。

2. 动物

（1）季风区。季风区是大界动物分布上最广阔的过渡地带，这类动物在脊椎动物各纲中均有。比如，猕猴、果子狸、老虎、青鼬、黑枕黄鹂等，它们的分布区范围非常广。

（2）蒙新干旱区。适应干旱的动物，如沙蜥、沙鸡、跳鼠、沙鼠等。

（3）青藏高寒区。动物种类少，如藏羚羊、牦牛、藏雀等（赵济，2015）。

第二节　自然资源

自然资源是自然赋予的，可直接或间接用于满足人类需要的所有有形与无形之物，主要包括土地资源、水资源、气候资源、生物资源、矿产资源和海洋资源六种类型，中国西部主要包括前五种类型。

一、土地资源

土地是人类生活和生产活动的主要空间场所，是人类最宝贵的资源。从土地类型上看，中国东南部和西北部差异显著，其界线大致北起大兴安岭，向西经河套平原、鄂尔多斯高原中部、宁夏盐池同心地区，再延伸到景泰、永登、湟水谷地，转向青藏高原东南边缘。东南部以耕地、林地、淡水湖泊、外流水系等为主，西北部以牧业用地为主。从具体数据看，西部湿地面积为3032.35万公顷，占全国的56.76%；土地调查面积中建设用地面积为1127.47万公顷，占全国的29.21%；土地调查面积中农用地面积为42442.20万公顷，占全国的65.76%；土地调查面积中水利设施用地面积为95.50万公顷，占全国的26.74%。如表1－1所示。

表1－1 中国西部各类土地利用类型面积

	湿地面积	土地调查面积中建设用地	土地调查面积中居民点及工矿用地	土地调查面积中农用地	土地调查面积中农用牧草地	土地调查面积中水利设施用地
全国数量（万公顷）	5342.06	3859.30	3142.98	64545.68	21942.05	357.20
西部数量（万公顷）	3032.35	1127.47	910.08	42442.20	21760.35	95.50
西部比重（%）	56.76	29.21	28.96	65.76	99.17	26.74

资料来源：中国经济与社会发展统计数据库。

二、水资源

1. 水资源分布

2016年中国西部水资源总量为15503.7亿立方米，约占全国水资源总量的47.8%。从各个省域看，西藏自治区的水资源量为4642.2亿立方米，居全国第一位；其次为四川省，达2340.9亿立方米；而宁夏回族自治区的水资源量最少，达9.6亿立方米。如图1－2所示。

从人均水资源量看，2016年中国西部人均水资源量最多的是西藏自治区，达141747立方米/人；而人均水资源量最少的是宁夏，为142.96立方米/人。

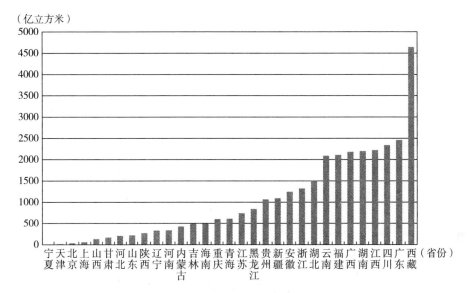

图1-2　2016年中国各省域水资源量

资料来源：国家统计局网站。

2. 水能资源

中国西部地处中国地形的第一阶梯和第二阶梯，是我国主要河流的发源地，水能资源非常丰富，分布有黄河上游水电基地、长江上游水电基地、澜沧江水电基地、金沙江水电基地、雅砻江水电基地、大渡河水电基地、乌江水电基地、南盘江水电基地、怒江水电基地、雅鲁藏布江水电基地、新疆诸河水电基地等（赵济，2015）。中国西部代表性的水电站有溪洛渡水电站、白鹤滩水电站、乌东德水电站、向家坝水电站、龙滩水电站、糯扎渡水电站、锦屏二级水电站、小湾水电站、二滩水电站、拉西瓦水电站等。

从水力发电量看，2015年中国水力发电量为11302.7亿千瓦时，西部地区为7748.26亿千瓦时，占全国的68.6%。从中国西部各个省域的水力发电量看，四川省最大，为2667.64亿千瓦时，占全国的23.6%，居全国第一位；其次为云南省，为2177.57亿千瓦时，占全国的19.3%，居全国第二位；最后为贵州省，为789.22亿千瓦时，占全国的7.0%，居全国第四位。西南地区的四川省和云南省是我国水力资源的富集区。如图1-3所示。

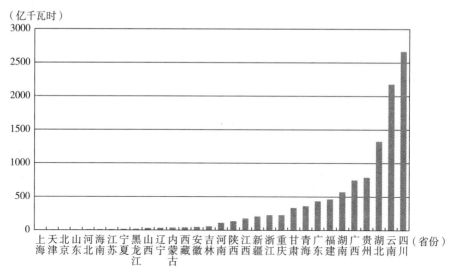

图 1 - 3　2015 年中国各省域水力发电量

资料来源：《中国能源统计年鉴》(2016)。

三、气候资源

1. 光能资源

从内蒙古东部向西南至青藏高原东侧，将中国分为两大部分，西部年总辐射量在 53 亿～83 亿 J/(m² · a)，东部为 33 亿～60 亿 J/(m² · a)。根据太阳能资源区划，Ⅰ区为太阳能资源极丰富区，包括西藏大部分、新疆南部以及青海、甘肃和内蒙古的西部。Ⅱ区为太阳能资源很丰富区，包括新疆北部、东北地区及内蒙古东部、华北以及江苏北部、黄土高原、青海和甘肃东部、四川西部至横断山区以及福建、广东沿海一带和海南岛。Ⅲ区为太阳能资源丰富区，包括东南丘陵区、汉水流域以及四川、贵州、广西西部等地区。Ⅳ区为太阳能资源一般区，包括川渝黔地区（赵济，2015）。

2015 年中国太阳能发电 387.8 亿千瓦时，其中西部地区为 306.8 亿千瓦时，占全国的 79.1%。从西部各省（区、市）看，中国前五大太阳能发电省域都位于西部（见图 1 - 4）。其中，青海省太阳能发电量最大，达 72.67 亿千瓦时，占全国的 18.74%，居全国第一位；其次为新疆维吾尔自治区，达 59.38 亿千瓦时，占全国的 15.31%，居全国第二位；最后为甘肃省，达 59.12 亿千瓦时，占全国的 15.25%，居全国第三位。

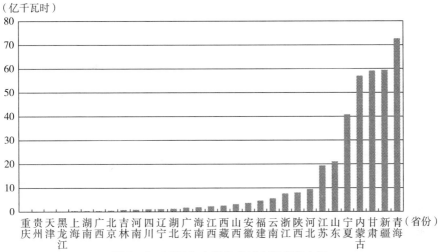

图1-4　2015年中国各省域太阳能发电量

资料来源:《中国能源统计年鉴》(2016)。

2. 热量资源

任何一种作物从种到收,对一定界限温度以上的累积温度的需要是比较稳定的。从代表性城市的年累积日照时数看,拉萨市的年累计日照时数最高,达3112.4小时;其次为银川市,达2841.9小时;再次为乌鲁木齐市,达2789.8小时。"日无三日晴"的贵阳最少,为942.3小时。如图1-5所示。

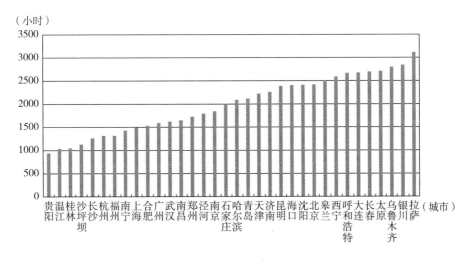

图1-5　2015年中国城市年累计日照数

资料来源:《中国气象统计年鉴》(2016)。

从年平均气温看，西部地区的南宁最高，为 22.2℃；其次为桂林，为 19.9℃；最低的是西宁，年平均气温只有 6.4℃。如图 1 - 6 所示。

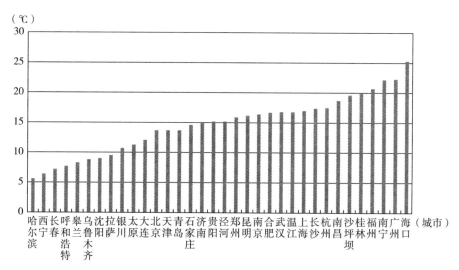

图 1 - 6　2015 年中国城市年平均气温

资料来源：《中国气象统计年鉴》（2016）。

3. 水分资源

中国年降水量的总体分布趋势呈东多西少、南多北少的特点。其中，有两条非常重要的降水量线：一条是 800 毫米等降水量线，该线东起淮河稍北地区，西到秦岭，之后沿横断山东侧南下，至滇西北折向西藏东南部。该线以南以东地区，是中国水资源最充沛的地区。另一条是 400 毫米等降水量线，该线北起海拉尔东部，向东折至通辽，向西南经呼和浩特、兰州、拉萨等地终止于西南边界。该线以西地区为草原和荒漠，以东以南为森林和森林草原（赵济，2015）。

从代表性城市的年降水量看，西部地区的皋兰、银川、西宁、拉萨、呼和浩特小于 400 毫米，乌鲁木齐、泾河的年降水量大于 400 毫米但小于 800 毫米。温江、昆明、南宁、贵阳、沙坪坝、桂林的年降水量大于 800 毫米。如图 1 - 7 所示。

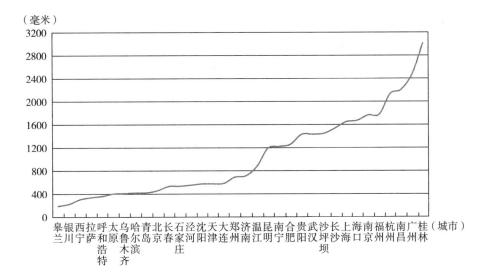

图 1-7 2015 年中国城市年累计降水量

资料来源：《中国气象统计年鉴》(2016)。

4. 风能资源

我国有两大风能资源丰富区，其中一处位于青藏高原—东疆—内蒙古高原一线，年平均风功率密度≥150 瓦/平方米。2015 年中国风能发电 1857.68 亿千瓦时，西部地区为 946.85 亿千瓦时，占全国的 51.00%。从西部各省（区、市）看，内蒙古自治区风力发电量最大，达到 407.88 亿千瓦时，占全国的 22.00%，居全国第一位；其次为新疆维吾尔自治区，达 147.83 亿千瓦时，占全国的8.0%，居全国第三位；最后为甘肃省，达 126.7 亿千瓦时，占全国的 6.8%，居全国第四位。如图 1-8 所示。

四、生物资源

1. 植物资源

（1）森林。中国的森林资源主要分布在东北内蒙古林区、西南高山林区、东南低山丘陵林区、西北高山林区和热带林区。中国西部是森林资源的主要分布区。

2016 年森林资源面积为 22879.17 万公顷，其中西部为 12417.01 万公顷，约占全国的 54.3%。从西部各省（区、市）看，内蒙古自治区最多，达 2487.9

万公顷,居全国第一位;其次为云南省,面积为 1914.19 万公顷,居全国第三位;最后为四川省,面积为 1703.74 万公顷,居全国第四位。如图 1-9 所示。

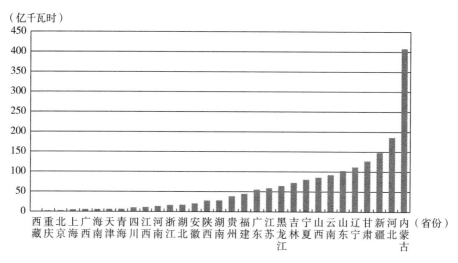

图 1-8　2015 年中国各省域风力发电量

资料来源:《中国能源统计年鉴》(2016)。

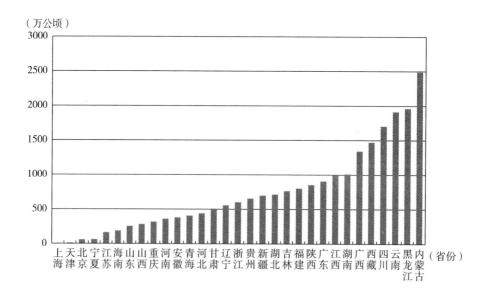

图 1-9　2016 年中国各省域森林面积

资料来源:国家统计局网站。

（2）草地。按照生态环境和利用价值，草地可以分为五类：第一，草甸类草地。高寒草甸分布于青藏高原东部和西北山地顶部。其他类草甸分布于东北、华北至西北地区。第二，草原类草地。高寒草原分布于青藏高原中部，其他类草原分布于松辽平原、内蒙古高原、黄土高原、西北山地中部。草的高度依草甸草原—干草原—荒漠草原降低。第三，荒漠类草地。高寒荒漠分布于藏北高原北部，其他类荒漠分布于内蒙古西部至新疆。第四，灌草丛类草地。灌木草丛分布于华北山地和黄土高原，其他分布于亚热带、热带丘陵山地。第五，沼泽类草地。通过五大类型草地的分析，可以发现西部地区是中国草地的主要分布区域。

2015 年全国的草地资源面积为 392834 千公顷，其中西部为 331443.35 千公顷，约占全国的 84.4%。从西部各省、自治区、直辖市看，草原面积最大的 8 个省（区、市）都位于西部。其中，西藏自治区最多，达到 82052 千公顷，居中国第一位；其次为内蒙古自治区，面积为 78804.67 千公顷，居全国第二位；最后为新疆维吾尔自治区，面积为 57258.67 千顷，居全国第三位。如图 1-10 所示。

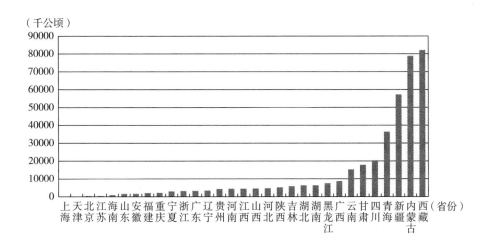

图 1-10 2015 年中国各省域草地面积

资料来源：国家统计局网站。

（3）野生经济植物和珍稀、孑遗、特有植物。野生经济植物主要包括八大类型：纤维植物、淀粉植物、蛋白质与氨基酸植物、维生素类植物、油脂植物、糖与非糖甜味剂植物、芳香油植物、药用植物。

目前列入我国国家重点保护野生植物名录的珍贵植物有 252 种，包括水杉、银杏、鹅掌楸、珙桐、光叶珙桐、杜仲、水松、红豆杉、伯乐树、连香树、滇桐、七子花、八角莲等（赵济，2015）。

2. 动物资源

（1）陆栖经济资源动物。陆栖经济资源动物包括五大类型：毛皮用及皮革用资源动物、肉用资源动物、羽绒用与饰用鸟类、药用资源动物、有害动物的天敌资源动物。

以羊为例，2016 年全国羊的数量为 3.01 亿只，西部地区为 1.90 亿只，占全国的 63.1%。从西部各省（区、市）看，羊数量前十位的省（区、市）西部占据七席。其中，内蒙古自治区的数量最多，达 5506.24 万只，居全国第一位，占全国的 18.3%；其次为新疆维吾尔自治区，达 3915.70 万只，居全国第二位，占全国的 13.0%；最后为甘肃省，达 1877.44 万只，居全国第四位，占全国的 6.2%。如图 1 - 11 所示。

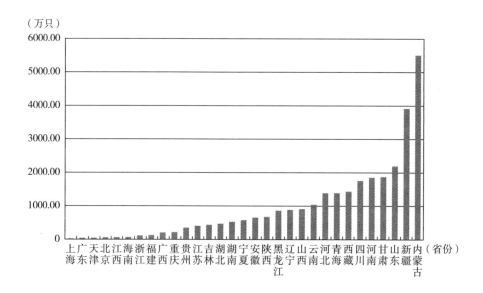

图 1 - 11　2016 年中国各省域羊的数量

资料来源：Wind 资讯。

当前我国羊业的发展面临良种化程度低、生产力水平低，重视引进、忽略培育，重视炒种、忽视产品研发，走私量大、对羊价冲击大等突出问题。高质量发展是中国经济发展的主方向，羊业面临紧迫的绿色发展问题。第一，需要加强新品种的培育；第二，加快技术人才培育；第三，学习黑猪壹号经验，建立羊肉绿色品牌，解决"柠檬市场"问题；第四，加强监管，管理跨区域贸易流动带来的疾病风险、骗取各类国家补贴等问题；第五，集中使用国家各种补贴，建立整个产业链条的代表性示范性畜牧场，解决资金"撒花椒面"的问题；第六，管理中间交易环节，降低成本，大幅缩小供给端与销售端的价格差异过大问题。①

（2）淡水鱼类。中国的淡水鱼类中经济鱼类有 60 余种。西南高山区水域的鱼类包括云南裂腹鱼、重口裂腹鱼、拉萨裸裂尻鱼等；青藏高寒水域环境使鱼类特化现象突出，咽齿、须及鳞都较少，多以体形粗圆和无鳞的种类为主；宁夏、内蒙古水域，除了分布广的鱼类外，很少有特有鱼类。

以淡水鱼类为例，2016 年全国淡水鱼类的数量为 2986.74 万吨，西部地区为 530.15 万吨，占全国的 17.8%。从西部各省（区、市）看，广西壮族自治区的数量最多，达 167.99 万吨，居全国第七位，占全国的 5.6%；其次为四川省，达 143.46 万吨，居全国第九位，占全国的 4.8%；最后为云南省，达 73.37 万吨，居全国第十四位，占全国的 2.5%。如图 1 - 12 所示。

（3）珍稀动物。中国特有珍稀动物有大熊猫、金丝猴、台湾猴、叶猴、长臂猿、老虎、雪豹、紫貂、熊狸、野驴、野马、野骆驼、野牛、野牦牛、高鼻羚羊、藏羚羊、梅花鹿、白唇鹿、坡鹿和麋鹿等。这些物种在西部大有分布。

五、矿产资源

矿产资源指的是经过地质成矿作用而形成的，天然赋存于地壳内部或地表埋藏于地下或出露于地表，具有开发价值的矿物。矿产资源属于非可再生资源，包括能源矿产、黑色金属矿产、有色金属矿产、非金属矿产、水气矿产五类。需要说明的是，本节使用的石油和天然气储量数据为剩余技术可采储量。

---

① 本段涉及的问题与措施，得益于中国农业科学院兰州畜牧与兽药研究所杨博辉研究员于 2018 年 4 月 3 日在甘肃省金塔县畜牧局所作的《羊业绿色发展》报告。

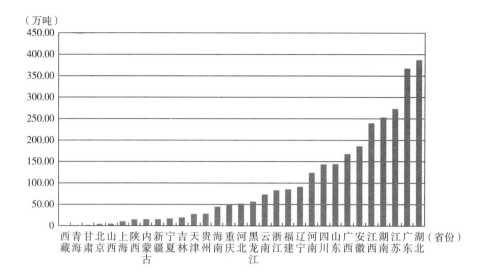

图 1 - 12　2016 年中国各省域淡水鱼类数量

资料来源：Wind 资讯。

（一）能源矿产

1. 石油

中国的十大主要油田是大庆油田、胜利油田、长庆油田、渤海油田、延长油田、新疆油田、辽河油田、西南油田、塔里木油田、吉林油田。其中，西部地区有长庆油田（主要位于陕甘宁盆地）、延长油田（主要位于陕西省）、新疆油田（主要位于准噶尔盆地）、西南油田（主要位于四川盆地、西昌盆地）、塔里木油田（主要位于塔克拉玛干沙漠）五大油田，这反映了西部地区石油储量在全国的重要地位。

从具体的数据看，2016 年中国石油储量为 350120.3 万吨，中国西部为146336.1 万吨，约占全国的 41.8%。从西部各省（区、市）看，新疆维吾尔自治区石油储量最大，为 59576.3 万吨，约占全国的 17.0%，居全国第一位；其次为陕西省，储量为 38375.6 万吨，约占全国的 11.0%，居全国第三位；最后为甘肃省，储量为 28261.7 万吨，约占全国的 8.1%，居全国第五位；贵州省和西藏自治区尚无石油储量。如图 1 - 13 所示。

2. 天然气

随着天然气勘探的发展，我国初步形成了天然气发展的轮廓。"东"是东海盆地,"南"是莺歌海—琼东南及云贵地区,"西"是塔里木盆地、吐哈盆地、准噶尔盆地和柴达木盆地,"北"是东北华北的广大地区,"中"是鄂尔多斯盆地和四川盆地。西部是我国天然气资源的主要分布区。

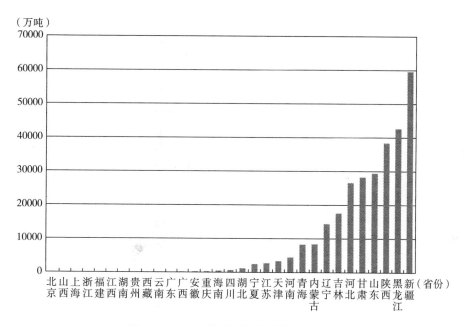

图 1-13 2016 年中国各省域的石油储量

资料来源:国家统计局网站。

从具体数据看,2016 年中国天然气储量为 54365.5 亿立方米,中国西部为45558.34 亿立方米,约占全国的 83.8%。从西部各省(区、市)看,四川省储量最大,为 13191.61 亿立方米,约占全国的 24.3%,居全国第一位;其次为新疆维吾尔自治区,储量为 10251.78 亿立方米,约占全国的 18.9%,居全国第二位;最后为内蒙古自治区,储量为 9630.49 亿立方米,约占全国的 17.7%,居全国第三位;西藏自治区尚无石油储量。如图 1-14 所示。

3. 煤炭

2016 年中国煤炭储量为 2492.3 亿吨,中国西部为 1155.44 亿吨,约占全国的 46.4%。从西部各个省、自治区、直辖市看,内蒙古自治区储量最大,为510.27 亿吨,约占全国的 20.5%,居全国第二位;其次为陕西省,储量为162.93 亿吨,约占全国的 6.5%,居全国第三位;最后为新疆维吾尔自治区,储量为 162.31 亿吨，约占全国的 6.5%，居全国第四位。如图 1 - 15 所示。

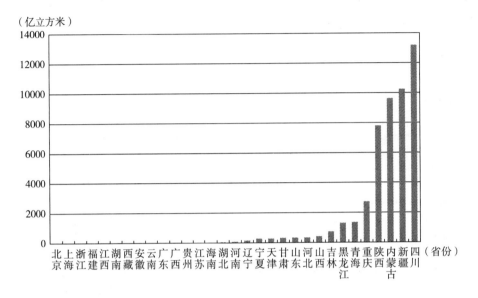

图 1 - 14　2016 年中国各省域的天然气储量

资料来源：国家统计局网站。

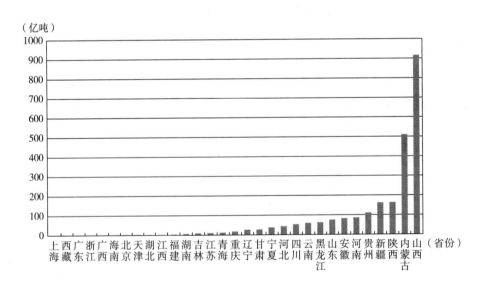

图 1 - 15　2016 年中国各省域的煤炭储量

资料来源：国家统计局网站。

（二）黑色金属矿产

1. 铁矿

中国代表性的铁矿有鞍山铁矿、本溪大台沟铁矿、迁安铁矿、白云鄂博铁矿、马鞍山铁矿、大冶铁矿、攀枝花铁矿、海南石碌铁矿。西部地区具有较为丰富的铁矿资源。

从具体数据看，2016年中国铁矿储量为201.2亿吨，中国西部为65.69亿吨，约占全国的32.6%。从西部各省（区、市）看，四川省储量最大，为27.02亿吨，约占全国的13.4%，居全国第二位；其次为内蒙古自治区，储量为18.17亿吨，约占全国的9.0%，居全国第四位；最后为新疆维吾尔自治区，储量为8.26亿吨，约占全国的4.1%，居全国第八位。如图1-16所示。

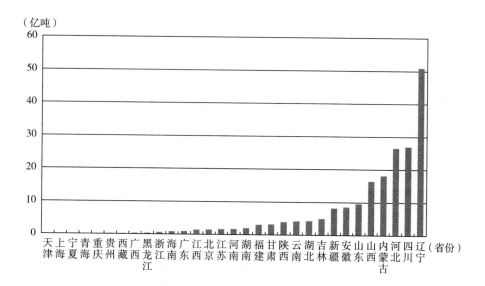

图1-16 2016年中国各省域的铁矿储量

资料来源：国家统计局网站。

2. 锰矿

中国的锰矿资源主要分布在桂西南地区、湘黔川三角地区、贵州遵义地区、辽宁朝阳地区、滇东南地区、湘中地区、湖南永州道县地区、陕西汉中大巴山地区，西部是主要的分布区域。

从具体数据看，2016年中国锰矿储量为31033.6万吨，中国西部为

26834. 36 万吨，约占全国的 86.5%。从西部各省（区、市）看，广西壮族自治区储量最大，为 17388.59 万吨，约占全国的 56.0%，居全国第一位；其次为贵州省，储量为 4886.87 万吨，约占全国的 15.7%，居全国第二位；最后为重庆市，储量为 1380.14 万吨，约占全国的 4.4%，居全国第五位。如图 1 - 17 所示。

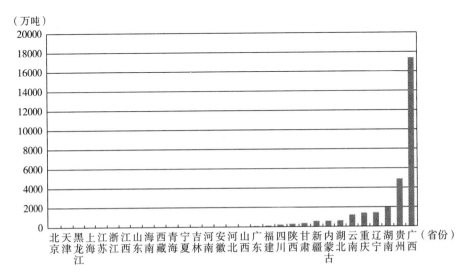

图 1 - 17　2016 年中国各省域的锰矿储量

资料来源：国家统计局网站。

3. 铬矿

中国的铬矿只分布在六个省（区、市），它们是青海省、河北省、新疆维吾尔自治区、内蒙古自治区、甘肃省和西藏自治区。从数据看，2016 年中国铬矿储量为 407.2 万吨，中国西部为 402.54 万吨，约占全国的 98.9%。从西部各省（区、市）看，西藏自治区储量最大，为 158.47 万吨，约占全国的 38.9%；其次甘肃省，储量为 141.24 万吨，约占全国的 34.7%；最后为内蒙古自治区，储量为 56.29 万吨，约占全国的 13.8%。如表 1 - 2 所示。

4. 钒矿

中国的钒矿只分布在 14 个省（区、市）。2016 年中国钒矿储量为 951.8 万吨，中国西部为 890.54 万吨，约占全国的 93.6%。从西部各省（区、市）看，四川省储量最大，为598.55万吨，约占全国的62.9%，居全国第一位；其次为广西壮族自治区，储量为171.49万吨，约占全国的18.0%，居全国第二位；最后为甘肃省，储量为112.32万吨，约占全国的11.8%，居全国第三位。如表1-3所示。

表1-2　2016年中国各省域的铬矿储量分布　　　单位：万吨

省份	储量	省份	储量
青海	3.68	内蒙古	56.29
河北	4.64	甘肃	141.24
新疆	42.86	西藏	158.47

注：未列省（区、市）数据为0。

资料来源：国家统计局网站。

表1-3　2016年中国各省域的钒矿储量分布　　　单位：万吨

省份	储量	省份	储量
云南	0.07	河北	6.66
新疆	0.16	陕西	7.18
内蒙古	0.77	安徽	7.32
湖南	2.9	湖北	29.94
浙江	3.76	甘肃	112.32
江苏	4.13	广西	171.49
江西	6.52	四川	598.55

注：未列省（区、市）数据为0。

资料来源：国家统计局网站。

5. 原生钛铁矿

中国的原生钛铁矿只分布在河南省、云南省、新疆维吾尔自治区、河北省、山东省、湖北省和四川省。2016年中国原生钛铁矿储量为23065.1万吨，中国西部为20898.65万吨，约占全国的90.6%。从西部各省（区、市）看，四川省储量最大，为20850.86万吨，约占全国的90.4%，居全国第一位。如表1-4所示。

表1-4　2016年中国各省域的原生钛铁矿储量分布　　单位：万吨

省份	储量	省份	储量
河南	0.46	山东	899.82
云南	3.12	湖北	1053.23
新疆	44.67	四川	20850.86
河北	212.94		

注：未列省（区、市）数据为0。

资料来源：国家统计局网站。

（三）有色金属矿产

基于国家统计局公布的数据，选择铜矿、铅矿、锌矿和铝土矿这四类有色金属矿产进行分析。

1. 铜矿

我国铜矿的主要富集区有长江中下游地区、西藏昌都地区、川西南—滇中区、金川—白银区、中条山地区等。从具体数据看，2016年全国铜矿储量为2621万吨，西部为1456.68万吨，占全国的55.6%。从西部各省（区、市）看，内蒙古自治区的储量最大，为437.83万吨，占全国的16.7%，居全国第二位；其次为云南省，储量为298.99万吨，占全国的11.4%，居全国第三位；最后为西藏自治区，储量为272.32万吨，占全国的10.4%，居全国第四位。如图1-18所示。

2. 铅矿

2016年全国铅矿储量为1808.6万吨，西部为1409.4万吨，占全国的77.9%。从西部各省（区、市）看，内蒙古自治区的储量最大，为647.65万吨，占全国的35.8%，居全国第一位；其次为云南省，储量为240.98万吨，占全国的13.3%，居全国第二位；最后为新疆维吾尔自治区，储量为102.62万吨，占全国的5.7%，居全国第四位。如图1-19所示。

3. 锌矿

2016年全国锌矿储量为4439.1万吨，西部为3685.3万吨，占全国的83.0%。从西部各省（区、市）看，内蒙古自治区的储量最大，为1444.45万吨，占全国的32.5%，居全国第一位；其次为云南省，储量为982.69万吨，占

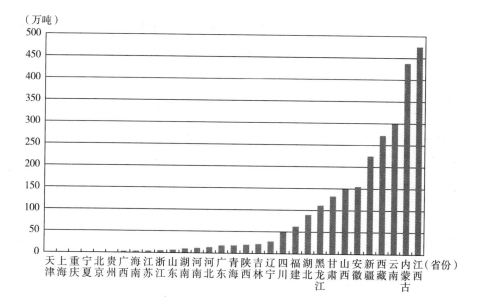

图 1 - 18　2016 年中国各省域的铜矿储量

资料来源：国家统计局网站。

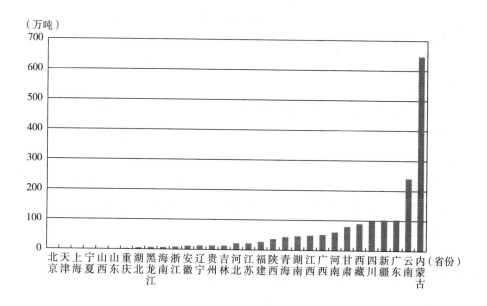

图 1 - 19　2016 年中国各省域的铅矿储量

资料来源：国家统计局网站。

全国的 22.1%，居全国第二位；最后为甘肃省，储量为 304.81 万吨，占全国的 6.9%，居全国第三位。如图 1 - 20 所示。

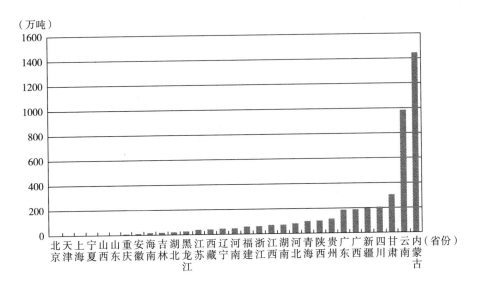

图 1 - 20　2016 年中国各省域的锌矿储量

资料来源：国家统计局网站。

4. 铝土矿

2016 年全国铝土矿储量为 100955.3 万吨，西部为 71422.85 万吨，占全国的 70.7%。从西部各省（区、市）看，广西壮族自治区的储量最大，为 49178.83 万吨，占全国的 48.7%，居全国第一位；其次为贵州省，储量为 14382.18 万吨，占全国的 14.2%，居全国第二位；最后为重庆市，储量为 6409.21 万吨，占全国的 6.3%，居全国第五位。如表 1 - 5 所示。

（四）非金属矿产

金属矿产之外的所有的矿物和岩石均属非金属矿产。基于国家统计局公布的数据，选择菱镁矿、硫铁矿、磷矿和高岭土这四类非金属矿产进行分析。

1. 菱镁矿

2016 年，全国菱镁矿储量为 100772.5 万吨，西部为 236.39 万吨，占全国的 0.23%。从西部各省（区、市）看，四川省的储量最大，为 186.49 万吨，占全国的 0.2%，居全国第四位；其次为青海省，储量为 49.9 万吨，占全国的

0.05%，居全国第五位。如表 1 - 6 所示。

表 1 - 5 2016 年中国各省域的铝土矿储量分布　　　　单位：万吨

省份	储量	省份	储量
陕西	0.89	云南	1397.14
河北	28.01	重庆	6409.21
四川	54.6	山西	14205.54
山东	158.9	河南	14325.73
湖南	311.43	贵州	14382.18
湖北	502.87	广西	49178.83

注：未列省（区、市）数据为 0。

资料来源：国家统计局网站。

表 1 - 6 2016 年中国各省域的菱镁矿储量分布　　　　单位：万吨

省份	储量	省份	储量
吉林	1.1	河北	838.83
青海	49.9	山东	14793.49
四川	186.49	辽宁	84901.71

注：未列省（区、市）数据为 0。

资料来源：国家统计局网站。

2. 硫铁矿

2016 年全国硫铁矿储量为 127809 万吨，西部为 72965.3 万吨，占全国的 57.1%。从西部各省（区、市）看，四川省的储量最大，为 38272.7 万吨，占全国的 29.9%，居全国第一位；其次为内蒙古自治区，储量为 12377.14 万吨，占全国的 9.7%，居全国第四位；最后为贵州省，储量为 6043.09 万吨，占全国的 4.7%，居全国第六位。如图 1 - 21 所示。

3. 磷矿

2016 年全国磷矿储量为 32.4 亿吨，西部为 18.34 亿吨，占全国的 56.6%。从西部各省（区、市）看，贵州省的储量最大，为 6.44 亿吨，占全国的 19.9%，居全国第二位；其次为云南省，储量为 6.27 亿吨，占全国的 19.4%，居全国第三位；最后为云南省，储量为 6.27 亿吨，占全国的 15.0%，居全国第四位。如图 1 - 22 所示。

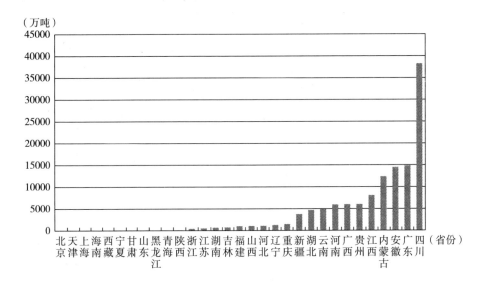

图 1 - 21 2016 年中国各省域的硫铁矿储量

资料来源：国家统计局网站。

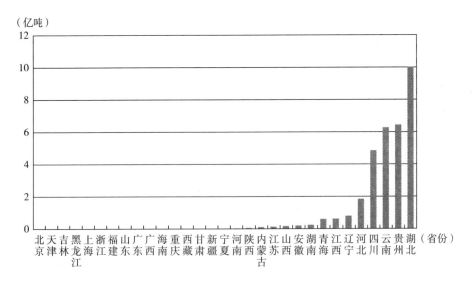

图 1 - 22 2016 年中国各省域的磷矿储量

资料来源：国家统计局网站。

4. 高岭土

2016 年全国高岭土矿储量为 69285.1 万吨，西部为 48063.5 万吨，占全国的 69.4%。从西部各省（区、市）看，广西壮族自治区的储量最大，为 43180.03 万吨，占全国的 62.3%，居全国第一位；其次为内蒙古自治区，储量为 4586.92 万吨，占全国的 6.6%，居全国第四位；最后为云南省，储量为 136.1 万吨，占全国的 0.20%，居全国第十五位。如图 1－23 所示。

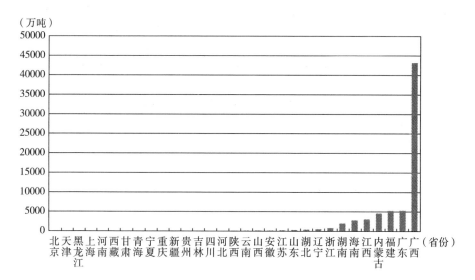

图 1－23 2016 年中国各省域的高岭土储量

资料来源：国家统计局网站。

（五）水气矿产

水气矿产包括地下水、矿泉水、气体二氧化碳、气体硫化氢、氦气和氡气六个矿种。基于国家统计局数据，只分析地下水的储量分布。

2016 年全国地下水储量为 8855 亿立方米，西部为 4589.6 亿立方米，占全国的 51.8%。从西部各省（区、市）看，西藏自治区的储量最大，为 1028 亿立方米，占全国的 11.6%，居全国第一位；其次为云南省，储量为 699.7 亿立方米，占全国的 7.9%，居全国第二位；最后为新疆维吾尔自治区，储量为 610.4 亿立方米，占全国的 6.9%，居全国第三位。如图 1－24 所示。

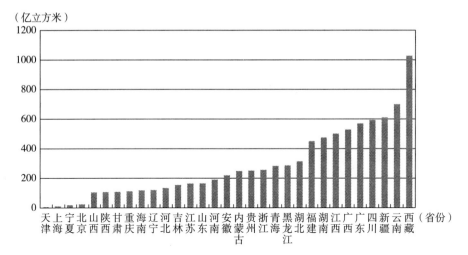

图1-24 2016年中国各省域的地下水储量

资料来源：国家统计局网站。

第二章　经济开发历程

中华人民共和国成立以来，中国经济发展的过程就是中国人民从站起来、富起来，到强起来的过程，中国西部也是如此。与中华人民共和国成立之时相比，目前西部地区的经济水平已经发生了翻天覆地的变化。从发展阶段看，中国的区域发展战略是基于"平衡发展"和"两个大局"战略而展开的。改革开放之前，基于"平衡发展"战略，西部地区是"156 项项目"和"三线建设"的重点区域，经济水平获得了快速提高；改革开放之初西部地区从"两个大局"战略出发为东部率先崛起做出了积极贡献。21 世纪以来东部地区从"两个大局"出发，助力西部大开发，为西部地区的发展带来了新的动力与机遇。

第一节　中华人民共和国成立初期的经济发展

一、中华人民共和国成立初期中国的发展背景与总体经济构想

近代以来，发展基础工业、实现近现代化是无数仁人志士的共识。1949 年 9 月 29 日中国人民政治协商会议通过的《共同纲领》规定：应以有计划、有步骤地恢复和发展重工业为重点，创立国家工业化的基础（董志凯，2015）。但是，中华人民共和国成立初期经济发展水平很低，技术匮乏，美国宣布"不给共产党中国以官方的经济援助，不应鼓励私人在共产党中国投资"，将中国列入巴黎统筹委员会管制的国家之中。朝鲜战争爆发后，美国操纵联合国，进一步全面升级对华经济封锁。面对国内外的巨大压力，中国选择了集中财力、物力优先发展重工业的国家战略，并积极向苏联求援，加快重工业化进程。

二、156 项项目与均衡布局

中华人民共和国成立之前，工业设施的 70% 集中在沿海的上海、天津、广州、无锡、青岛、沈阳、抚顺、本溪、鞍山、大连一带。有限的内地工业也主要集中在武汉、太原、重庆等少数大城市。占全国土地面积 1/3 的大西北，1949年工业产值仅占全国的 2%，近百年始终没有工业基点。1952 年，全国人均GDP 为 119.4 元，西部地区高于全国均值的有四个省域，分别是内蒙古自治区、新疆维吾尔自治区、宁夏回族自治区和甘肃省，西部地区人均 GDP 最高的是内蒙古自治区，为 173 元，相当于上海市 436 元的 39.68%。西部地区人均 GDP 最低的是贵州省，只有 58 元。如图 2-1 所示。

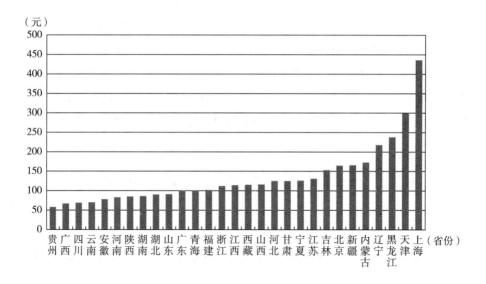

图 2-1　1952 年各省域人均 GDP

资料来源：中国经济与社会发展统计数据库。

为了改变工业布局不合理的状况，并且考虑国际环境与国防要求，第一个五年计划期间，我国政府把苏联援建的 156 项工程和其他限额以上项目中的相当大的一部分摆在了工业基础相对薄弱的内地（董志凯，2015）。实际实施的150 项项目分布于煤炭、电力、石油、钢铁、有色金属、化工、机械、医药、轻工、航空、电子、兵器、航天、船舶 14 个行业，除了 3 个轻工业和医药项目之外，几乎全部都是重工业。这些项目分布于 17 个省（区、市），包括西部地区的 6 个。其中，西部地区所得到的投资为 551101 万元，占整体的 28.1%。如表 2 - 1 所示。

表 2 - 1 实际实施的 150 项项目的投资分布

省份	实际完成投资（万元）	比重（%）
辽宁	507521	25.9
黑龙江	216483	11.0
陕西	171403	8.7
河南	159704	8.1
内蒙古	159003	8.1
湖北	154805	7.9
吉林	145510	7.4
甘肃	139736	7.1
山西	131880	6.7
云南	55602	2.8
河北	28264	1.4
北京	25194	1.3
江西	25132	1.3
四川	22082	1.1
湖南	14255	0.7
新疆	3275	0.2
安徽	1486	0.1

资料来源：董志凯. 中国共产党与 156 项工程［M］. 北京：中共党史出版社，2015.

需要说明的是，德意志民主共和国、捷克斯洛伐克、波兰、匈牙利、罗马尼亚、保加利亚六国共向我国援建工业项目 68 项，也为我国成立之初的重工业化进程做出了贡献。

第二节　三线建设与西部开发

1964～1980 年，我国在内地的十几个省（区）开展了一场以备战为中心、以工业交通和国防科技为基础的大规模基本建设，称为"三线建设"。所谓"三线"，是由我国沿海、边疆地区向内地划分为三条线，一线指沿海和边疆地区，三线是四川、贵州、云南、陕西、甘肃、宁夏、青海及湖南、湖北、河南等内地地区。三线建设经历了"三五"时期、"四五"时期、"五五"时期三个五年计划，共投入了 2050 余亿元资金和几百万人力，安排了几千个建设项目。规模之大、时间之长、动员之广、行动之快，在我国建设史上都是空前的，对以后的国民经济结构和布局产生了深远影响（陈东林，2014）。

一、20 世纪 60 年代中国面临的国际形势

20 世纪 60 年代中国面临着严峻的国际环境，这是中国实施三线建设的重要背景。具体而言：

（1）美国直接派出军事人员，插手越南战争，并对中国加紧了封锁和敌视。

（2）1962 年苏联在中国新疆策动了大批中国居民外逃事件。1963 年派驻重兵进入蒙古国，战略导弹直接指向中国。

（3）1962 年印度军队对中国领土进行了大规模入侵，双方军事对峙不断。

（4）蒋介石政权加快反攻大陆的计划，多次派飞机、军舰、武装特务进行窜扰。

（5）1964 年美国制订袭击中国核设施的计划。

二、三线建设的提出与均衡布局

1964 年，以毛泽东同志为核心的党中央，从战争严重威胁的估计出发，提出在原子弹时期没有后方不行。为此，提出了三线建设战略。从地缘政治的角度看，三线建设战略是由中华人民共和国成立初期对苏联的"一边倒"战略变为对苏和对美的"两条线"战略，中国的国际环境更加严峻（李晓和李俊久，2015）。

三线建设时期，三线地区总共新增固定资产 1145 亿元，占全国的 33.58%。三线建设的 11 个省域中，西部占据 6 席，西部地区是三线建设的主要区域。从新增固定资产投资看，三线建设的三个"五年"计划时期，西部新增固定资产 622.28 亿元，占整个三线建设的 54.35%。如表 2-2 所示。

表 2-2　各个时期三线地区新增固定资产

地区	1953～1965年合计（亿元）	1953～1965年年均（亿元）	"三五"时期（亿元）	"四五"时期（亿元）	"五五"时期（亿元）	三个五年计划合计（亿元）	三个五年计划年均（亿元）	三线建设时期比1953～1965年年均增长（%）
全国	1721.79	132.45	580.13	1082.34	1747.31	3409.78	227.31	71.62
三线地区	515.09	39.62	211.62	383.72	549.66	1145.00	76.33	92.66
三线地区占全国的比重（%）	29.92	0	36.48	35.45	31.46	33.58	0	0
四川	74.14	5.70	47.04	68.86	95.33	211.23	14.08	147.05
贵州	26.10	2.01	17.65	22.80	30.55	71.00	4.73	135.49
云南	39.63	3.05	16.35	27.11	42.95	86.41	5.76	88.87
陕西	51.79	3.98	17.82	49.84	46.07	113.73	7.58	90.50
甘肃	53.93	4.15	20.17	31.61	30.38	82.16	5.48	31.98
宁夏	6.36	0.49	4.20	7.43	10.95	22.58	1.51	207.21
青海	15.91	1.22	7.19	10.90	17.08	35.17	2.34	92.19
湖北	64.61	4.97	22.47	56.27	116.07	194.81	12.99	161.31
湖南	42.30	3.25	20.05	37.21	44.78	102.04	6.80	109.31
山西	63.74	4.90	17.46	29.55	53.39	100.40	6.69	36.60
河南	76.58	5.89	21.22	42.14	62.11	125.47	8.36	42.01

资料来源：陈东林. 中国共产党与三线建设［M］. 北京：中共党史出版社，2014.

从重点工程看，"三五"时期、"四五"时期西部地区涉及的三线建设重点工程有：攀枝花钢铁公司、酒泉钢铁公司、长城钢厂、西南铝加工厂、西北铝加工厂、金川有色金属公司、东方电站成套设备公司、德阳第二重型机器厂、四川红岩重型汽车厂、成昆铁路、川黔铁路、贵昆铁路、湘黔铁路、襄渝铁路、枝柳铁路、阳安铁路、青藏铁路（西格段）、贵州电子工业基地、四川电子工业基地、刘家峡水电工程、贵州歼击机生产基地、陕西汉中运输机生产基地、酒泉航天发射基地、西昌航天发射基地、中国西南物理研究院、中国核动力研究设计院、821核基地、重庆常规兵器工业基地、六盘水煤炭工业基地（陈东林，2014）。

三、三线建设的成就

三线建设取得了重大成就，初步形成了以能源交通为基础、国防科技为重点、原材料工业与加工工业相配套、科研与生产相结合的战略后方基地。建立了许多新兴的城市，初步改变了我国内地基础工业薄弱、交通落后、资源开发水平低下的工业布局不合理状况。

1978年全国人均GDP为385元，西部人均GDP高于全国均值的只有青海省，达428元，这相当于全国人均GDP最高的上海市的17.22%；最低的是贵州省，为175元，相当于上海的7.04%。如图2-2所示。

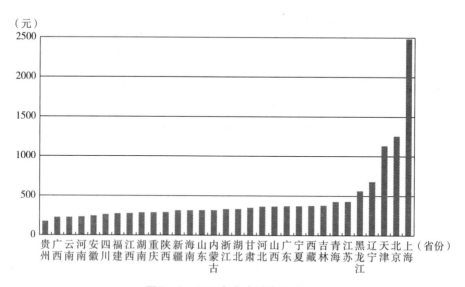

图2-2　1978年各省域人均GDP

资料来源：中国经济与社会发展统计数据库。

第三节 改革开放与西部发展

一、改革开放之后中国面临的形势

（1）国际形势。国际政治形势缓和，发展成为国际社会的主题。这为中国进行经济建设提供了和平的外部环境。

（2）国内形势。经历了"文化大革命"，中国经济增长十分缓慢，经济落后，人民生活十分困难。理论界、中央决策层开始反思中华人民共和国成立后的经济发展战略的经验教训，并明确指出中国需要快速发展经济，改善人民的生产生活条件。

国际国内的形势改变，是中国 1978 年开展改革开放的基本背景。

二、先富带动后富与东部率先

1978 年 9 月 20 日邓小平在视察天津时，提出"先让一部分人富裕起来"的重要思想；1978 年 12 月 13 日，他在中央工作会议上进一步明确提出：先富帮带后富，最终实现共同富裕。经过几年实践，这一战略思想被写入 1984 年 10 月中共十二届三中全会的《中共中央关于经济体制改革的决定》。

中国的改革开放是一个从东部向西部逐步开放的过程。经过在沿海地区设立经济特区、沿海开放城市、出口加工区等，沿海地区在土地、税收、政策等方面获得了大力支持。在此推动下，中国综合国力上了一个新台阶。与此同时，区域之间差距问题凸显。1988 年 9 月邓小平提出沿海地区和内地达到共同富裕的两个大局战略构想。1992 年，邓小平进一步明确了两个大局战略思想的具体方式与时间节点：一是东部沿海地区要充分利用有利条件，加快对外开放，较快地先发展起来，中西部要顾全这个大局。二是当发展到一定时期，可以设想在 20 世纪末全国基本达到小康水平的时候，拿出更多力量帮助中西部地区加快发展，东部沿海地区也要顾全这个大局（陈钰，2014）。

三、西部的发展与区域差距扩大

与1978年相比，在"两个大局"战略指导下，中国综合国力大幅提升。与此同时，中国的区域差距不断扩大，在1978年西部人均GDP高于全国均值的有青海省，排在全国第7位。1999年全国人均GDP为7229元，西部省域人均GDP没有高于全国均值的。最高的为新疆维吾尔自治区，达到6443元，排在全国第12位，这相当于全国人均GDP最高的上海市的23.80%。

从西部省域1978年和1999年的排名看，青海省从第7位下降到第22位，西藏自治区从第9位下降到第29位，宁夏回族自治区从第10位下降到第20位，甘肃省从第14位下降到第30位，内蒙古自治区从第17位上升到第15位，新疆维吾尔自治区从第20位上升到第12位，陕西省从第21位下降到第27位，重庆市从第22位上升到第16位，四川省从第26位上升到第24位，云南省从第29位上升到第23位，广西壮族自治区从第30位上升到第26位，贵州省一直排名末尾。排名上升的只有内蒙古自治区、新疆维吾尔自治区、重庆市、四川省、云南省、广西壮族自治区（见图2-2、图2-3）。

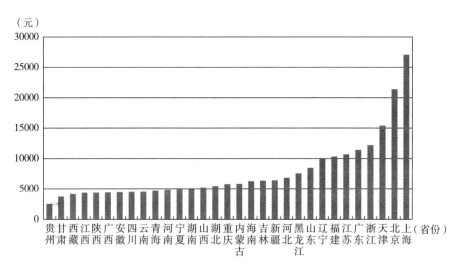

图 2-3　1999 年各省域人均 GDP

资料来源：国家统计局网络。

第四节　21世纪的西部大开发

一、"两个大局"与西部大开发

随着东部率先战略的实施，西部GDP占全国的比重不断减小，从1978年的20.80%下降到1999年的17.79%。面对日益扩大的区域差距，中共中央开始考虑第二个大局。1995年9月在《中共中央关于制定国民经济和社会发展"九五"计划和2010年远景目标的建议》中明确指出，更加重视支持内地发展，积极朝着缩小差距的方向努力。1997年9月，党的十五大强调从多方面努力，逐步缩小区域发展差距。1999年，党的十五届四中全会正式提出实施西部大开发战略。2000年1月，国务院成立西部地区开发领导小组。之后，通过"十五"时期、"十一五"时期、"十二五"时期、"十三五"时期等五年规划的实施，推动西部大开发建设。

二、西部大开发的政策措施

为了推动西部大开发，中央实施了大量政策，比较有代表性的政策措施是：

（1）加大对西部地区的投资力度。①通过产业投资，培育发展本地特色产业。通过加快高标准农田、现代化生态牧场等重要农产品生产保护区建设，支持现代农业发展。积极支持西部高端、特色农机装备生产研发和推广应用，促进现代制造业和战略性新兴产业的发展。通过发挥西部生态、民族民俗、边境风光等优势，促进旅游和休闲、健康养生等产业的发展。②通过实施重点项目，特别是西电东送、西气东输、青藏铁路、青海三江源生态保护区、祁连山生态保护区、岩溶地区石漠化综合治理等重大项目的实施，加大对西部地区的投资，改善西部地区的交通条件和生态环境等（见表2-3）。此外，近年来西部地区的高速公路、高速铁路布局也在加快发展，形成了较为完整的交通网络。

（2）引导东部产业向中西部转移。在政府与市场的双重推动下，2008年以来中国产业从东部向西部大幅度转移，为西部经济发展、劳动力就业提供了重要支撑（胡安俊和孙久文，2014）。从动力模式看，主要包括国家和西部各个省域在财政、税收、土地等要素价格等方面的优惠政策，西部地区的特色市场优势等；从空间模式看，主要表现为向西部重点城市的转移，比如向西部的省会城市、较大规模城市的转移。从产业类型看，既包括资金密集型产业，如集成电路产业，也包括劳动密集型产业，如纺织服装产业。

表 2-3 西部大开发的一些代表性工程

年份	工程
2001	紫坪镇水利枢纽工程开工
2001	青藏铁路开工
2002	西气东输工程开工
2004	西气东输工程投入商业运营
2005	四川80万吨乙烯工程获批
2005	水电站溪洛渡电站开工
2007	川气东输工程开工
2008	西南第一条高等级铁路——成都至都江堰铁路开工
2009	关中天水经济区规划获批
2009	沪昆高铁开工
2009	兰新高铁开工
2010	重庆两江新区获批
2012	兰州新区获批
2012	西成高铁开工
2012	北京—乌鲁木齐高速公路 G7 开工
2014	西咸新区获批
2014	贵安新区获批
2014	天府新区获批

资料来源：西部大开发战略大事记 1999~2015. 西部大开发，2015（Z2）.

（3）加大对口支援力度。通过一对一帮扶，将东部地区先进的资源、资金、人才、管理等带到西部地区，开阔了西部地区人民的视野和思路，提高了西部地区的教育、医疗、基础设施、产业发展、政府管理等方面的水平。其中，对口援疆、对口援藏（始于 1994 年）持续时间最长、力度最大。需要说明的是，对口支援不仅是发达省域支援欠发达省域，还包括国有企业、大学生等的对口支援（见表 2-4、表 2-5、表 2-6）。

表 2-4　1995 年沿海发达地区对口帮扶西部地区的关系

支援方	受援方	支援方	受援方
北京	内蒙古	天津	甘肃
上海	云南	广东	广西
江苏	陕西	浙江	四川
山东	新疆	辽宁	青海
福建	宁夏	大连、青岛、深圳、宁波	贵州
15 个省市	西藏		

资料来源：钟开斌. 对口支援：起源、形成及其演化 [J]. 甘肃行政学院学报，2013（4）：14-24.

表 2-5　对口援疆和对口援藏的关系

支援方	新疆	西藏
北京	和田地区的和田市、和田县、墨玉县、洛浦县及新疆生产建设兵团农十四师团场	拉萨市
上海	喀什地区巴楚县、莎车县、泽普县、叶城县	日喀则地区
广东	喀什地区疏附县、伽师县、新疆生产建设兵团农三师图木舒克市	林芝地区
深圳	喀什市、塔什库尔干县	
天津	和田地区的民丰、策勒和于田	昌都地区
辽宁	塔城地区	那曲地区
浙江	阿克苏地区的 1 市 8 县和新疆生产建设兵团农一师的阿拉尔市	那曲地区
吉林	阿勒泰地区阿勒泰市、哈巴河县、布尔津县和吉木乃县	
江西	克孜勒苏柯尔克孜自治州阿克陶县	
黑龙江	阿勒泰地区福海县、富蕴县、青河县和新疆生产建设兵团十师	
安徽	和田地区皮山县	
河北	巴音郭楞蒙古自治州、新疆生产建设兵团农二师	阿里地区
山西	新疆生产建设兵团农六师五家渠市、昌吉回族自治州阜康市	
河南	哈密地区、新疆生产建设兵团农十三师	

续表

支援方	新疆	西藏
江苏	克孜勒苏柯尔克孜自治州阿图什市、乌恰县，伊犁哈萨克自治州霍城县、新疆生产建设兵团农四师66团、伊宁县、察布查尔锡伯自治县	拉萨市
福建	昌吉回族自治州的昌吉市、玛纳斯县、呼图壁县、奇台县、吉木萨尔县、木垒县	林芝地区
山东	喀什地区疏勒县、英吉沙县、麦盖提县、岳普湖县	日喀则地区
湖北	博尔塔拉蒙古自治州博乐市、精河县、温泉县与新疆生产建设兵团农五师	山南地区
湖南	吐鲁番地区	山南地区
重庆	—	昌都地区
四川	—	昌都地区
陕西	—	阿里地区

注：由于各省域发展水平不同，分配的支援任务有所差别。有些省域只支援新疆或西藏。

此外，自 2003 年起，国家制定专门的鼓励政策，鼓励大学生支援服务西部，参加基础教育、农业科技、医疗卫生、基层青年工作、新疆专项、西藏专项、基层社会管理 7 个专项的服务计划，为西部大开发提供人才支撑。到 2018 年已累计选派 27 万余名大学生到中西部 22 个省域和新疆建设兵团服务。

表 2-6　东西部地区高等学校对口支援关系

支援高校	受援高校	支援高校	受援高校
北京大学	石河子大学	清华大学	青海大学
中国农业大学	内蒙古农业大学	北京师范大学	西北师范大学
复旦大学	云南大学	上海交通大学	宁夏大学
南京大学	西北大学	浙江大学	贵州大学
中国科技大学	西南科技大学	华中科技大学	重庆医科大学
华南理工大学	广西大学	西南交通大学	西藏大学
西安交通大学	新疆大学		

资料来源：钟开斌. 对口支援：起源、形成及其演化 [J]. 甘肃行政学院学报，2013（4）：14-24.

三、西部大开发与经济社会发展

经过近20年的西部大开发，西部经济取得了巨大进步。1949年西部地区GDP为75.12亿元，1978年增长到725.93亿元，1999年达15822.43亿元，2016年增至156828.2亿元。西部大开发以来，西部GDP增长速度不断加快。如图2-4所示。

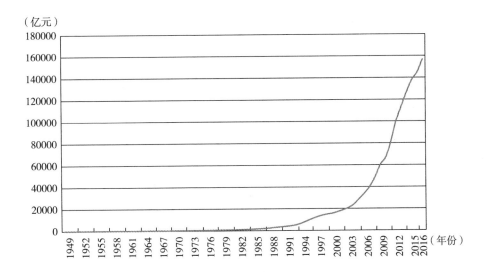

图2-4　1949~2016年西部GDP的增长

资料来源：中国经济与社会发展统计数据库，国家统计局。

从经济增长的速度看，随着西部大开发的推进，西部地区的增长速度加快。2003年之后西部地区的经济增长速度几乎年年都高于全国GDP增长速度。这是一系列政策与西部内生发展的结果。2014年开始，西部地区的增长速度呈不断减速，但仍然高于全国经济增长的平均速度。如表2-7所示。

表2-7　1953~2016年西部与全国GDP增长速度比较　　　　单位:%

年份	中国	西部
1953	19.19	16.83
1954	7.75	15.32

续表

年份	中国	西部
1955	8.46	6.56
1956	13.00	20.89
1957	7.83	3.67
1958	22.64	19.55
1959	14.92	9.23
1960	5.03	−4.12
1961	−26.25	−15.95
1962	−3.30	−3.09
1963	5.91	7.88
1964	12.13	12.49
1965	15.26	16.57
1966	11.01	6.40
1967	−5.98	−5.83
1968	−3.44	−9.77
1969	14.07	14.79
1970	16.02	16.08
1971	8.31	12.57
1972	4.12	3.28
1973	7.14	5.56
1974	1.56	2.53
1975	9.24	10.05
1976	1.00	1.64
1977	10.20	11.67
1978	15.61	16.00
1979	13.39	11.88
1980	11.58	10.17
1981	9.26	8.48
1982	11.21	13.09
1983	12.34	11.69
1984	19.03	16.91
1985	20.71	19.78
1986	12.21	11.83

续表

年份	中国	西部
1987	18.71	16.67
1988	26.42	26.91
1989	13.71	14.61
1990	12.07	16.11
1991	14.89	14.61
1992	22.40	18.13
1993	31.67	26.97
1994	32.52	30.91
1995	26.90	24.38
1996	17.79	17.49
1997	12.67	11.78
1998	8.15	7.52
1999	6.86	5.83
2000	11.65	9.19
2001	10.26	9.63
2002	11.08	10.65
2003	15.49	14.40
2004	20.35	20.73
2005	18.60	17.76
2006	16.87	18.36
2007	20.15	21.91
2008	19.15	22.90
2009	9.56	10.80
2010	19.64	21.55
2011	19.31	23.13
2012	10.57	13.64
2013	10.02	11.46
2014	7.88	8.78
2015	5.61	5.01
2016	7.93	8.14

2016 年，全国人均 GDP 为 53935 元，西部地区高于全国均值的省域有 2 个，分别为内蒙古自治区和重庆市。其中，内蒙古自治区的人均 GDP 达 72064 元，居西部地区第一位。甘肃省的人均 GDP 为 27643 元，居全国末位。总体来说，西部地区人均 GDP 比 1999 年已有大幅提高。如图 2-5 所示。

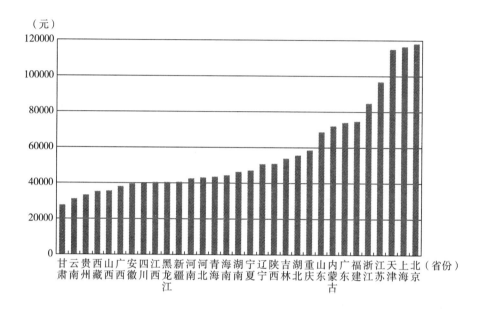

图 2-5 2016 年中国各省域人均 GDP

资料来源：国家统计局网站。

与此同时，西部地区的科技发展水平不断提高。从各个省域的专利数据看，1999~2016 年都取得了不错的增长倍数。从国内专利申请受理量的增长看，西部地区的增长倍数都在 10 倍以上，其中西藏自治区的增长倍数达到了 71.20 倍，居全国第三位；从国内专利申请授权量的增长看，重庆市增长倍数为 46.72 倍，居全国第二位。如表 2-8 所示。

经济发展与结构转变的过程，也是民生改善的过程。西部大开发推动了西部地区的城镇化，医疗卫生、教育文化、社会保障等覆盖面持续扩大，为我国西部发展做出了重要贡献。

西部大开发也使生态环境大幅改善。通过退耕还林还草、天然林保护、石漠化治理等一系列工程，西部地区的生态环境得到了明显改善。通过水、耕地、

表 2 - 8　1999～2016 年各省域专利增长情况

省份	国内专利申请 受理量增长倍数	国内专利申请 授权量增长倍数
辽宁	8.67	5.12
吉林	8.96	6.45
海南	9.81	5.67
内蒙古	10.99	8.09
黑龙江	11.82	7.59
新疆	16.10	8.28
河北	16.47	10.57
山西	17.57	10.94
云南	19.03	10.15
青海	19.09	11.03
湖南	19.92	13.50
宁夏	23.47	17.85
北京	24.49	17.25
山东	24.79	15.01
上海	26.04	17.53
河南	27.42	17.12
广东	30.10	18.08
贵州	32.08	16.81
湖北	32.12	18.77
甘肃	34.78	16.14
广西	36.93	12.06
福建	38.56	22.88
四川	38.77	21.38
陕西	41.31	30.88
江西	43.61	31.13
重庆	46.72	39.65
浙江	48.08	31.32
天津	52.83	26.35
西藏	71.20	17.50
江苏	72.26	37.61
安徽	100.26	42.89

资料来源：国家统计局网站。

湿地等的生态治理，西部地区稳步实现了以黑河流域、内蒙古草原、疏勒河流域及天山北麓等为主的西北草原荒漠化防治，以陕西北部及中部、宁夏南部、甘肃东中部及青海东部为主的黄土高原综合治理，以青海三江源、西藏东北部、祁连山及四川西部等为主的三江水源涵养区综合治理，以四川南部、贵州、重庆东部、云南东中部等为主的西南石漠化防治区综合治理，以武陵山、秦巴山、四川西南部、云南西北部等为主的森林生态功能区综合治理（白永秀和何昊，2019）。

第三章 经济发展与总体特征

在分析了西部地区经济开发历程的基础上，本章依次分析了西部地区经济发展与科技进步的总体水平、人力资本与人口发展、产业结构与贸易结构的特征，最后对西部各个省域的重点产业和重点基地进行了总结。

第一节 经济发展与科技进步

一、经济发展

2016 年全国 GDP 为 78.01 万亿元，西部地区为 15.68 万亿元，约占全国的 20.10%。从各个省域看，四川省、陕西省、广西壮族自治区居西部前三位，GDP 占西部的 45.05%。如图 3-1 所示。

2016 年全国人均 GDP 为 53935 元，西部各省域人均 GDP 高于全国平均水平的只有 2 个省域，分别是内蒙古自治区和重庆市，其人均 GDP 分别为 72064 元、58502 元。甘肃省、云南省、贵州省和西藏自治区分别居于全国后四位。甘肃省人均 GDP 为 27643 元，仅为全国平均水平的 51.25%，是人均 GDP 最高的北京市的 23.39%，经济发展的任务十分艰巨。如图 3-2 所示。

二、科技发展

经济发展是科技发展的基础。2016 年，国内专利受理量最高的省份是江苏省，达到了 512429 项，占全国的 15.62%；国内专利授权量最高的省份是广东省，达到了 259032 项，占全国的 16.07%。

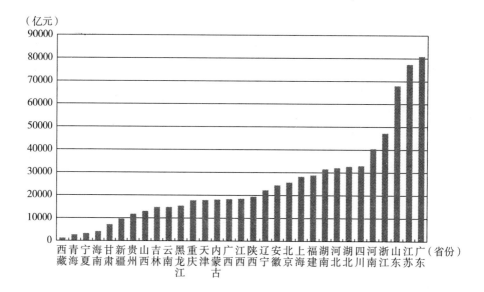

图 3 - 1 2016 年各省域的 GDP

资料来源：国家统计局网站。

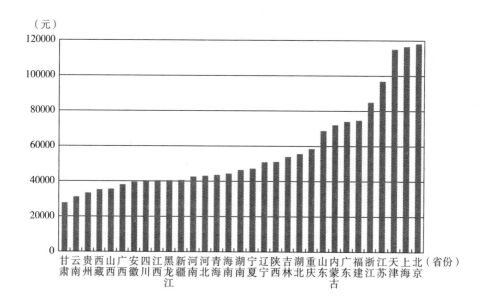

图 3 - 2 2016 年各省域的人均 GDP

资料来源：国家统计局网站。

2016 年，西部地区国内专利受理量达 435112 项，占全国的 13.26%；国内专利申请授权量达 216169 项，占全国的 13.41%。从西部地区的省域看，四川省（居全国第 7 位）、陕西省（居全国第 13 位）、重庆市（居全国第 16 位）、广西壮族自治区（居全国第 17 位）是西部地区专利申请与授权量较大的地区。科技的发展，是西部地区快速发展与转型升级的重要支撑。如表 3 - 1 所示。

表 3 - 1　2016 年西部各省域专利量占中国比重　　　　　　单位：%

省份	国内专利申请受理量	国内专利申请授权量
西藏	0.02	0.02
青海	0.10	0.08
宁夏	0.19	0.17
内蒙古	0.33	0.36
新疆	0.43	0.44
甘肃	0.62	0.49
云南	0.72	0.75
贵州	0.77	0.65
广西	1.81	0.92
重庆	1.81	2.65
陕西	2.12	3.01
四川	4.34	3.87

资料来源：国家统计局网站。

第二节　人力资本与人口发展

正如舒尔茨所说，决定人类前途的并不是空间、土地和自然资源，而是人的素质、技能、知识水平，以及处理各种复杂经济活动的能力，即人力资本。人力资本是指依附人体体力和智力所具有的劳动（包括体力劳动和脑力劳动）价值总和。要点包括：①人力资本体现在人身上，表现为人的知识、技能、经验和技术熟练程度等，即表现为人的能力和素质。②人力资本，即人的能力和素质，是通过人力投资而获得的。人力资本的投资主要有四个方面：一是用于教育和职业训练的费用；二是用于医疗保健的费用；三是用于为寻找更好的职业而进行流动和迁移的费用；四是用于从国外迁入的移民的费用。④在人的素质既定的情况下，人力资本可表现为从事劳动的总人数及劳动力市场上的总工作时间。④作为一种资本形式，个人及社会对其所进行的投资都必然会产生收益。从这个角度讲，人力资本是劳动者时间价值提高的主要原因，而且其大小和高低还表现在人力资本的所有者，即劳动者的收入上（舒尔茨，2017）。

根据人力资本的定义与要点，从数据可获得性出发，本书着力从人口数量、健康、教育三个大的方面对人力资本的情况进行数据分析。

一、人口数量

人口数量是人力资本的基础。2016 年西部地区常住人口为 3.74 亿人，占全国的 27.11%。从西部各省域看，四川省人口最多，为 8262 万，占全国的 6.0%；其次是广西壮族自治区，人口为 4838 万，占全国的 3.5%。人口最少的是西藏自治区，人口为 331 万，占全国的 0.24%。如图 3 - 3 所示。

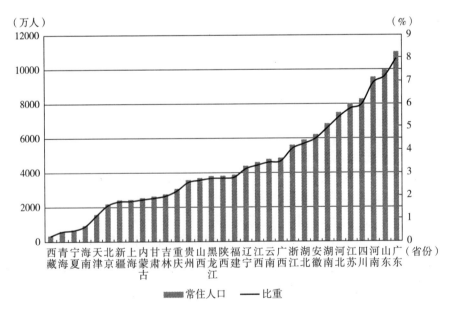

图 3 - 3　2016 年中国各省域常住人口数量及占全国比重

资料来源：国家统计局网站。

二、健康水平

健康是人力资本的重要表现。根据 2010 年人口普查数据可知，全国的平均预期寿命为 74.83 岁，西部地区只有广西壮族自治区和重庆市比全国的均值高，西部各个省域的人口预期寿命较低。全国 31 个省（区、市）中最低的 7 席都是西部地区的。其中，最低的为西藏自治区，为 68.17 岁；其次为云南省，为 69.54 岁。最高的为重庆市，为 75.7 岁。西部各省（区、市）人口预期寿命偏低，固然与高海拔等自然条件有关，但也与生活水平较低、健康意识较为淡薄等有关。如图 3 - 4 所示。

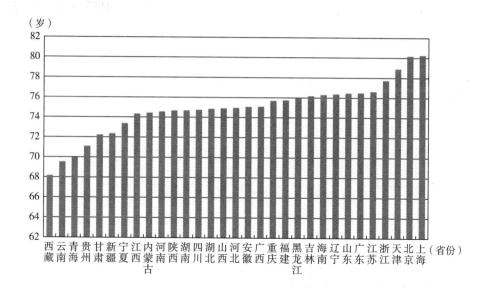

图 3 - 4 2010 年中国各省域平均预期寿命

资料来源：2010 年人口普查数据。

三、教育水平

教育是形成人力资本的重要基础。以 2016 年常住人口、人口调查 6 岁及以上人口为基准，发现西部地区初中人口比重、高中人口比重都比基准要低。相反，以 2016 年人口调查 15 岁及以上人数为基准，发现 15 岁以上文盲比重比基准要高；而东部、中部、东北的情况与西部恰恰相反。如表 3 - 2 所示。

表 3－2　2016 年中国四大区域人口各类指标占全国比重　　单位:%

	常住人口	城镇人口	人口调查6岁及以上人数	人口调查6岁及以上初中人口数	人口调查6岁及以上高中人口数	人口调查15岁及以上人数	人口调查15岁及以上文盲人数
西部	27.11	23.54	27.02	25.42	23.39	26.70	36.63
东部	38.37	43.76	38.33	37.28	38.95	38.79	34.62
中部	26.60	24.28	26.50	28.16	29.45	26.06	24.67
东北	7.91	8.43	8.16	9.14	8.20	8.44	4.08

资料来源：国家统计局网站。

从各省域看，根据抽样调查的 6 岁及以上高中人口数据，计算出各个省域占全国的比重；再通过比较该比重与各省域调查总人数占全国比重（基准）的差异，可以看出：天津、河北、浙江、福建、山东、海南、安徽、广西、四川、贵州、云南、西藏、青海、宁夏、新疆、辽宁省域的比重比基准要低。其中西部占据了 8 席。如图 3－5 所示。

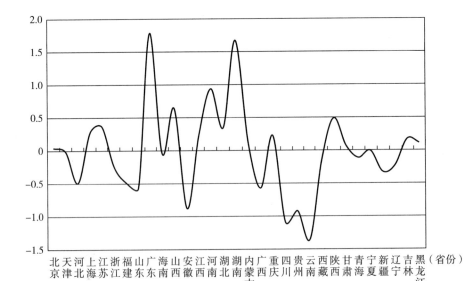

图 3－5　2016 年中国各省域 6 岁及以上高中人口比重与基准的差异

资料来源：国家统计局网站。

根据抽样调查的 15 岁及以上文盲人口数据，计算出各省域占全国的比重；再通过比较该比重与各省域调查总人数占全国比重（基准）的差异，可以看出西部地区比基准高的省域占据了 7 席。如图 3 - 6 所示。

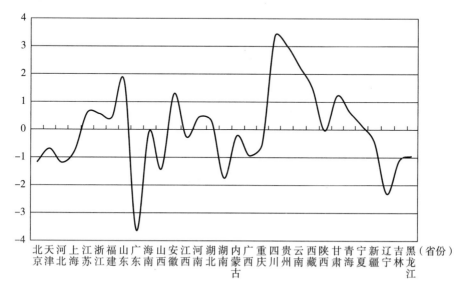

图 3 - 6　2016 年中国各省域 15 岁及以上文盲人口比重与基准的差异

资料来源：国家统计局网站。

第三节　产业结构与贸易结构

一、产业结构

中国西部经济发展的过程，也是产业结构不断升级的过程。产业结构的升级突出表现为三次产业结构的演进。1949 年西部地区三次产业结构的产值之比为 70.27：13.08：16.65。之后第一产业的比重不断下降，2016 年第一产业份额为 11.87%。在 1975～1985 年第一产业与第二产业的份额相当，1985 年之后，第二产业的份额超过第一产业。2010 年，第二产业的份额高达 48.97%，之后，第二产业的份额逐步下降，2016 年为 42.95%。2010 年之后，第三产业份额增长较快，2016年第三产业份额为45.18%。

总体来说，西部地区三次产业结构的产值演变有两个重要的时间节点：1985年和2016年。1985年之后，第二产业超过第一产业；2016年之后，第三产业超过第二产业。如图3-7所示。

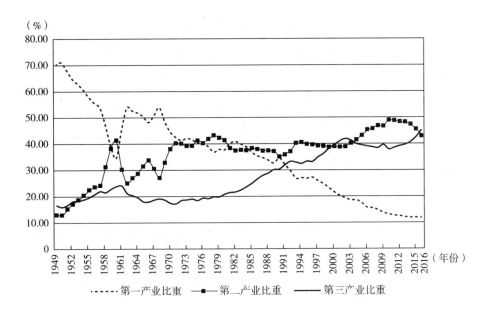

图3-7　1949~2016年西部产业结构演变

资料来源：中国经济与社会发展统计数据库。

产业结构的演进是工业化程度的基本指标。结合人均GDP、三次产业增加值结构、制造业增加值占总商品增加值比重、人口城镇化率、第一产业就业人员比重五个指标，可以判断区域的工业化阶段。总体而言，西部处于工业化中期阶段。分省域看，内蒙古自治区、重庆市处于工业化后期阶段，四川省、陕西省、青海省、宁夏回族自治区、广西壮族自治区、贵州省、云南省、甘肃省处于工业化中期阶段，西藏自治区和新疆维吾尔自治区处于工业化初期阶段（黄群慧，2013）。

二、贸易结构

从货物进出口总额看，受地理条件与区位条件等因素的影响，西部各省、自治区、直辖市的货物进出口总额占全国比重较小。2016 年，西部货物进出口总额为 2569.11 亿美元，占全国的 7.00%。西部货物进出口总额最高的重庆市，只居于全国第 11 位。如图 3 - 8 所示。

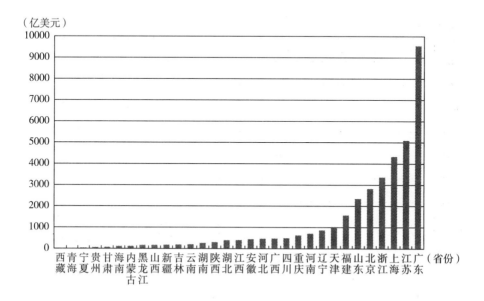

（亿美元）

图 3 - 8　2016 年货物进出口总额分布

资料来源：国家统计局网站。

从外商投资企业投资总额看，2016 年西部外商投资企业投资总额为 4155.51 亿美元，占全国的 8.11%。西部货物进出口总额最高的四川省只居于全国第 11 位。如图 3 - 9 所示。

需要说明的是，尽管西部的进出口总额占全国的比重非常低，但是进出口贸易对于兴边富民具有非常重要的作用。根据我们团队对一些边境地区的多次调研可知，对于边境地区的人们，比如西藏阿里市、日喀则市的人们，生存手段较为单一，生活水平较低，边境贸易是其主要的生活手段，承载着家庭的主要支出来源。根据罗尔斯的正义论，国家应给穷困者一种利益，应给关怀和照顾，调节收入不平等。之所以这样做，是因为社会是一个合作体系，如果没有别的阶层的合作，优越者也不可能创造更大的利益甚至整个社会都会趋于动荡乃至解体。从道德上考虑，所有人都是同类，相互间具有某种同胞情谊（罗尔斯，2014）。因此，从发展正义的角度出发，还是需要完善边境地区的基础设施，在加强监管的同时提高边境贸易额度，提高通关便利度等，这对提高边境地区的发展机会与人民生活水平十分重要。

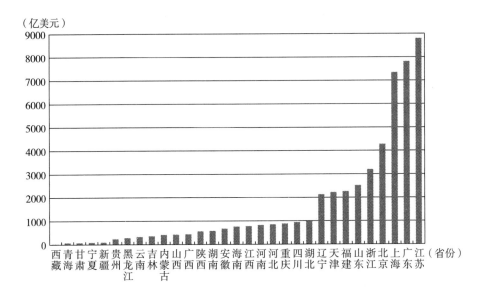

图3-9　2016年外商投资企业投资总额分布

资料来源：国家统计局网站。

第四节　重点产业与重点基地

一、重点产业的发展

　　重点产业包括区域的主导产业、支柱产业和优势潜力产业。其中，支柱产业代表着区域过去发展的主要驱动力，主导产业代表着区域现在发展的主要驱动力，优势潜力产业代表着区域未来发展的主要驱动力。同时，重点产业发展也能在很大程度上反映区域发展的质量，决定着区域未来发展的前景和方向。根据各省（区、市）的"十三五"规划，本书归纳出了各省（区、市）的重点产业。如表3-3所示。

表3-3 西部各省域的重点产业

省份	重点产业
内蒙古	①优势特色产业：能源、新型化工、冶金建材、绿色农畜产品加工。②战略性新兴产业：先进装备制造业、新材料、生物产业、煤炭清洁高效利用产业、新能源产业、环保产业、电子信息产业。③建筑业。④现代服务业
广西	①传统优势产业：制糖业、汽车、机械、铝业、冶金、石化、建材、轻纺、造纸与木材加工。②先进制造业：轨道交通装备、海洋工程装备及高技术船舶、高端数控机床与机器人、农机装备、通用航空等。③战略性新兴产业：新一代信息技术、先进装备制造、高端数控机床和机器人、通用航空、节能环保、新材料、新能源汽车、新能源、生物医药、大健康产业。④现代服务业
重庆	①传统制造业：汽车、电子信息、装备产业、化工、材料、食品、纺织、能源。②战略性新兴产业：电子核心零部件、物联网、新能源汽车及智能汽车、机器人及智能装备、高端交通设备、环保产业、MDI及化工新材料、生物医药、新材料、页岩气。③现代服务业、旅游业
四川	①先进制造业：新一代信息技术、航空航天与燃机产业、高效发电和核技术应用、高档数控机床和机器人、轨道交通设备、节能环保装备、新能源汽车、新材料、生物医药和高端医疗设备、油气钻采与海洋工程装备。②传统优势产业：电子信息、装备制造、食品饮料、油气化工、钒钛钢铁及稀土、汽车制造。③现代服务业
贵州	①传统优势产业：化工、冶金、有色。②装备制造业：高端装备制造、智能制造、专用装备制造。③轻工产业：黔酒、黔茶、饮用水、特色食品、旅游商品。④绿色能源。⑤新型建筑建材。⑥其他战略性新兴产业：生物产业、新材料产业、节能环保产业。⑥山地旅游。⑧现代服务业
云南	①传统产业：冶金、化工、建材、轻纺。②战略性新兴产业：现代生物、新能源、新材料、先进装备制造、电子信息和新一代信息技术、节能环保。③现代服务业
西藏	①高原特色农产品。②清洁能源、天然饮用水、民族手工业、藏药、新型建材和矿产业。③旅游业、文化产业、金融服务、商贸物流、新兴服务

续表

省份	重点产业
陕西	①优势产业：能源化工、有色冶金、食品、建材、纺织。②先进制造业：节能与新能源汽车、航空航天、能源装备、高档数控机床与工业机器人、轨道交通装备、现代农业机械装备。③战略性新兴产业：新一代信息技术、增材制造、新材料、生物技术、绿色环保。④服务业
甘肃	①传统优势产业：石油化工、有色冶金、装备制造、煤炭电力、农产品加工。②战略性新兴产业：新能源、新材料、先进装备和智能制造、生物医药、信息技术、节能环保、新型煤化工、现代服务业、公共安全。③文化旅游业
青海	①传统产业：盐湖化工、有色冶金、能源化工、特色轻工、建材产业。②战略性新兴产业：新能源、新材料、电子信息、生物医药、高端装备制造。③服务业：旅游、生产性服务业
宁夏	①特色农业及加工业。②优势主导产业：煤化工、纺织、葡萄酒、清真食品与穆斯林用品。③传统产业：煤电、冶金化工建材。④战略性新兴产业：风光电等新能源、新材料、装备制造、生物医药、节能环保产业。⑤现代服务业
新疆	①传统产业：钢铁、有色工业、建材工业、化学工业、轻工业。②煤炭煤电煤化工、油气生产加工、纺织服装、农产品精深加工。③战略性新兴产业：新材料、先进装备制造、生物医药、信息产业、节能环保

资料来源：各省（区、市）国民经济与社会发展"十三五"规划。

总体来看，西部地区的重点产业主要包括以下类型：①资源型产业，比如煤炭、石化、有色金属冶炼等产业；②特色产业，包括旅游业、特色农业、食品加工业等；③战略性新兴产业，包括先进装备制造、医药、信息产业、环保产业，当然这些产业的空间集中度很高，并且在很大程度上与156项项目、三线建设的实施有关，表现为很大的历史依赖性。历史基础是这些产业发展的重要支撑。

二、重点基地的建设

重点基地是重点产业发展的载体。经过历次空间规划调整，产业布局不断集中。西部地区的重点产业主要布局在产业园里面，包括各级（国家级、省级、市级、县级）高新区、经济开发区等。重点基地如表3－4所示。

表3－4　西部各省域的重点基地

省份	重点基地
内蒙古	包头、霍林郭勒—扎鲁特—白音华、托克托—清水河—准噶尔煤电铝循环产业基地。以呼和浩特、包头、鄂尔多斯、乌兰察布、通辽、赤峰、呼伦贝尔、锡林郭勒等为重点的现代装备制造业基地。白云鄂博稀土功能材料产业基地。乌兰察布、阿拉善等石墨材料产业基地。阿拉善（乌海）、包头北（巴彦淖尔）、鄂尔多斯（巴彦淖尔、乌海、阿拉善）、乌兰察布（呼和浩特）、锡林郭勒、赤峰、通辽、呼伦贝尔（兴安）等新能源基地
广西	北部湾先进制造业基地。柳州、桂林、梧州老工业基地。百色生态铝示范基地。河池生态环保型有色金属示范基地。崇左糖业循环经济示范基地。来宾铝精深加工基地。贺州碳酸钙和新型材料产业基地
重庆	都市功能核心区、都市功能拓展区、城市发展新区
四川	天府新区、攀西战略资源创新开发试验区、国际空港经济区
贵州	安顺、铜仁、黔东南精细钡化工生产和研发基地。遵义、铜仁等金属锰精深加工基地。贵阳、遵义铝加工产业基地。黔中航空航天装备基地、安顺民用航空产业基地。贵阳、遵义和毕节新能源汽车产业基地。中航红林军民融合高新技术产业基地。中国南车轨道交通产业基地。铜仁、贵阳、遵义、六盘水、黔南等天然泉水、纯净水产业基地。安顺、铜仁、黔南等地石材产业集聚区
云南	昆明高新技术产业开发区、昆明经济技术开发区、五华科技产业园区、曲靖经济技术开发区、玉溪高新技术产业开发区、楚雄经济开发区、蒙自经济技术开发区、大理经济技术开发区、安宁工业园、嵩明杨林经济技术开发区
西藏	拉萨经济技术开发区、拉萨高新技术开发区、格尔木藏青工业园、达孜工业园、西藏空港新区、日喀则经济开发区、昌都经济开发区、山南雅砻工业园、那曲物流中心、林芝经济开发区、堆龙工业园、曲水雅江工业园
陕西	煤化工产业集群、汽车产业集群、航空航天产业集群、智能制造装备产业集群、节能环保装备产业集群、输配电设备产业集群、智能终端产业集群、集成电路产业集群、医药产业集群、新材料产业集群
甘肃	以兰州、庆阳为重点的国家战略性石化产业基地，以金昌、白银、兰州等为重点的国家有色金属新材料基地，以嘉峪关为重点的优质钢材生产及加工基地，以陇东、酒嘉为重点的煤炭清洁利用转化基地，以兰州、天水、酒泉为重点的先进装备制造业基地，特色农产品生产区域为重点的农产品加工基地

续表

省份	重点基地
青海	西宁经济技术开发区、柴达木循环经济试验区、海东工业园区
宁夏	贺兰山东麓、清水河流域枸杞产业基地，宁东现代煤化工基地，宁夏现代纺织示范区，葡萄酒基地，吴忠为重点的清真食品和穆斯林用品基地
新疆	准噶尔、吐哈、伊犁、库拜组成的煤炭基地。以独山子、乌鲁木齐、克拉玛依、南疆塔河石化组成的炼化一体化基地。哈密千万千瓦级风电基地，达坂城、吐鲁番、昌吉、博州、塔城、巴州等百万千瓦级风电基地，哈密、吐鲁番、巴州、博州、塔城、南疆四地州等百万千瓦级光伏发电基地。阿克苏纺织城、库尔勒纺织城、石河子纺织城

资料来源：各省（区、市）国民经济与社会发展"十三五"规划。

　　总体而言，目前我国西部的产业园区数量偏多，但布局十分分散。这既是产业发展阶段的产物，也是区域经济竞争的结果，是加剧西部环境污染的重要原因。综合考虑西部地区的自然环境较为脆弱与人口分布极其分散等特征，未来西部地区的产业布局需要进一步规范引导，规模经济是主导性的方向。发挥国家规划的权威，完善地方政府的权责利关系，实现产业集中布局。通过产业的集中布局提高产业发展质量，并带动人口的集中布局。这既是实现经济效益的必然要求，也是实现环境友好的必然要求，更是实现人的发展的必然要求。西部地区产业的规模集中，是实现创新、协调、绿色、开放、共享五大发展理念的最重要的抓手和核心突破口。

第四章　第一产业的发展

本书在分析了西部经济开发历程和总体特征的基础上，分别从第一产业、第二产业、第三产业三个方面论述西部地区的产业发展。本章首先分析了西部地区第一产业的战略地位与总体发展，其次从小麦、玉米、稻谷、大豆等方面分析了第一产业的结构特征与省域空间分布。

第一节　总体发展

一、粮食安全与第一产业的基础地位

（一）粮食安全战略

粮食安全与能源安全、金融安全并称为三大经济安全。粮食安全是国家安全的重要基石，事关国家安定发展大局。2020年新冠肺炎疫情与蝗虫灾害的蔓延，使全球粮食产量受到影响，许多粮食生产大国高举贸易保护主义大旗，这对我国粮食安全构成了潜在的威胁。因此，中国人的饭碗任何时候都要牢牢端在自己手上，从而切实保障国家粮食安全。当前，我国粮食安全的基本状况、主要挑战及相关战略为：

（1）广义的粮食安全基本上得到保障。广义的粮食安全包括粮食和其他所有能够满足人体营养需要的食物。从个人和家庭的微观食物安全看，随着2020年我国脱贫攻坚任务的全部完成，全国人民的温饱问题已经基本解决，消费多样化、食物营养不断改善。从区域看，随着交通设施的不断完善和网络化发展，区域一体化步伐不断加快。区域间贸易量显著增加，有效解决了粮食空间分布

不均等的问题。从国家层面看，食物安全总体水平得到了高度保障。

（2）狭义的粮食安全已经突破了95%自给率的国家既定目标。狭义的粮食安全主要是指大米、小麦、玉米、大豆和薯类的国内自给率。作为我国第四大粮食品种，大豆供给安全已经从国内生产转向依靠国际市场进口。2019年，中国大豆进口量达到了8851万吨，占消费的比重高达84%。作为我国第一大粮食品种，玉米供给安全正逐渐从国内生产向国际市场进口转变。2019年，玉米进口量达到448万吨，尽管占消费比重为1.63%，但进口量比较大。由于居民消费结构的不断升级，口粮安全水平不断提高。2019年，作为口粮的水稻、小麦自给率达到98%以上。

（3）粮食安全的主要挑战。我国粮食安全面临着诸多挑战：随着刘易斯拐点的到来和资源环境的污染，粮食生产面临巨大资源环境压力和成本上涨压力；随着人均收入水平的提高，中国总体人均水平迈入1万美元大关，人们对粮食的需求不断升级，对高质量农产品，特别是高质量肉蛋奶的需求大幅增加；随着新冠肺炎疫情在全球的发展和蝗灾的蔓延，国际粮价大幅波动，许多粮食生产大国，大举贸易保护主义，这对我国粮食价格和粮食供给安全都构成了很大的压力。

（4）保障国家粮食安全的战略。实施国家事务安全新战略要有三大转变和四大目标。三大转变是指从"粮食安全"观念向"食物安全"观念转变，为保障国家粮食（食物）安全提供更大的发展空间和供给渠道；从"粮食安全"向"口粮安全"转变，切实保障国家在危机时刻的水稻、小麦的供给安全；从"进口畜禽产品"向"进口饲料粮"转变，隐性进口"土地和水资源"，提升畜禽产品国内生产能力，增加国内农业就业和农民收入。四大目标是指使我国食物总体自给率保持95%以上；水稻和小麦自给率基本达到100%；玉米自给率保持85%以上；肉蛋奶保持基本自给（黄季焜、杨军和仇焕广，2012）。

（二）第一产业基础地位及演变

市场经济条件下，第一产业对国民经济的增长与发展主要表现为三个方面：产品贡献、市场贡献、要素及外汇贡献。

（1）第一产业对国民经济的产品贡献，主要表现为食品贡献和原料贡献。第一产业是人类社会的食品之源和生存之本。充足的食品供应还有助于抑制通货膨胀，为国民经济增长创造良好的环境。第一产业为工业发展提供原料，第一产业原料供给的增长促进工业部门的增长。由于第一产业对国民经济发展和国家的工业化进程具有不可替代的产品贡献，当农产品供给不足时，就会以各种方式影响经济发展。

（2）第一产业对国民经济的市场贡献。在市场经济条件下，工业和整个国民经济的发展主要依赖于市场需求的扩张。农民较低的收入水平和较高的边际消费倾向使之成为最有潜力的工业品消费群体。第一产业为第二产业发展提供了巨大的市场空间。

（3）第一产业对国民经济的要素贡献。①就业贡献。第一产业是容纳劳动力就业的重要渠道。②资本贡献。第一产业的剩余积累为经济发展提供资金。此外，第一产业也是出口创汇的重要产业，为国民经济发展提供外汇贡献。③劳动贡献。第一产业是劳动力的蓄水池，为经济发展提供了大量的廉价劳动力。这些劳动力多数受过教育，为非农产业发展节省了大笔教育费用。

经济发展的不同阶段，第一产业基础作用的内容不断演变。①在工业化发展的初级阶段，第一产业的首要任务是养活城镇的人口，其次是为工业积累一定的资金。②在工业化发展的中期阶段，随着工业品生产的迅速膨胀，工业部门内部的需求潜力逐步减弱，第一产业成为工业产品的重要市场。第一产业的市场贡献凸显出来。③在工业化发展的高级阶段，工业部门已经发展壮大，并具备了自我积累能力。第一产业部门规模越来越小，要素贡献与市场贡献都在减小，而产品贡献将再次凸显出来（黄泰岩和王检贵，2001）。

二、西部第一产业的增长与分异

1949 年中国西部第一产业产值为 49.04 亿元，1978 年达 267.84 亿元，1993 年达 1740.19 亿元，1999 年达 3659.69 亿元，2016 年达 18612.84 亿元。如图 4-1 所示。

西部地区第一产业占全国的比重也在不断变化。1949 年比重为 40.75%，1950 年达最高值 46.51%。1978 年为 26.47%，1993 年为 25.49%，1999 年为 25.00%，2016 年为 29.24%。总体而言，1995 年以来西部第一产业占全国的比重呈现不断上升态势。如果扣除中华人民共和国成立初期的三个高比重（1949 年的 40.75%、1950 年的 46.51%、1951 年的 44.75%），中华人民共和国成立以来西部第一产业占全国比重的均值为 25.85%。如图 4-2 所示。

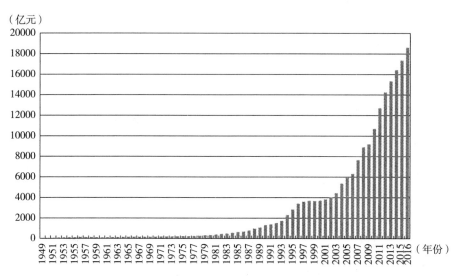

图 4 - 1　1949 ~ 2016 年西部第一产业产值演变

资料来源：中国经济与社会发展统计数据库，国家统计局。

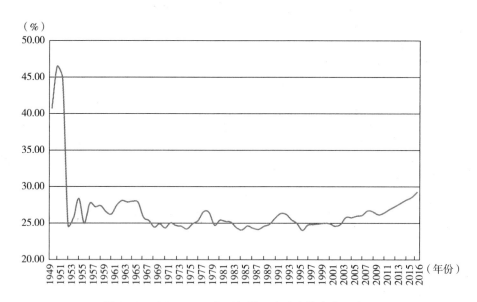

图 4 - 2　1949 ~ 2016 年西部第一产业产值占全国比重

资料来源：中国经济与社会发展统计数据库。

　　2016 年西部各省（区、市）中，四川省的第一产业产值最大，达 3929.33
亿元；其次为广西壮族自治区，产值达 2796.80 亿元；最后为云南省，产值达

2195.11 亿元。3 个省（区）的产值占整个西部的 47.93%。如图 4 – 3 所示。

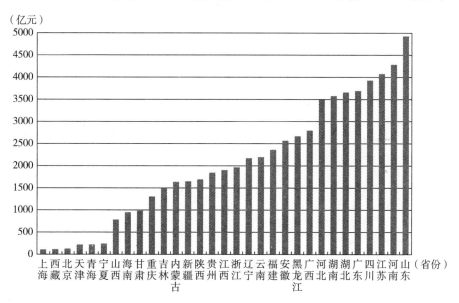

图 4 – 3 2016 年各省域第一产业产值情况

资料来源：国家统计局。

第二节 结构特征

一、主要粮食增长态势

从整个国家看，玉米和稻谷的产量总体呈上升特点，2001 年以来小麦的产量呈上升特点，大豆的产量则在近年来不断下降。如图 4 – 4 所示。

从西部地区看，①1949 年中国西部小麦产量为 399.09 万吨，1978 年达 1479.99 万吨，1993 年达 2767.38 万吨，1999 年达 2581.36 万吨，2015 年达 2295.20 万吨。②1949 年中国西部玉米产量为 450.41 万吨，1978 年达 1709.28 万吨，1993 年达 2565.80 万吨，1999 年达 3756.02 万吨，2015 年达 6700.00 万吨。③1949 年中国西部大豆产量为 55.97 万吨，1978 年达 87.20 万吨，1993 年达 221.68 万吨，1999 年达 242.43 万吨，2015 年达 154.31 万吨。④1949 年中国

西部稻谷产量为 6854.69 万吨，1978 年达 3231.22 万吨，1993 年达 4343.90 万吨，1999 年达 4803.75 万吨，2015 年达 4548.60 万吨。如图 4 - 5 所示。

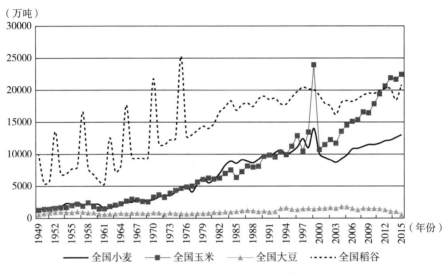

图 4 - 4　1949 ~ 2015 年中国主要粮食产量变化

资料来源：中国经济与社会发展统计数据库。

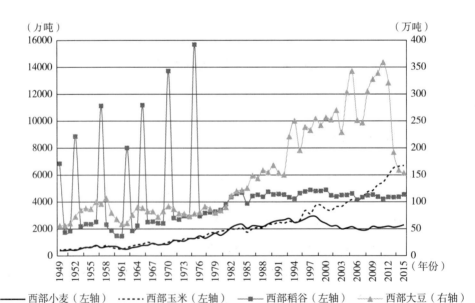

图 4 - 5　1949 ~ 2015 年西部主要粮食产量变化

资料来源：中国经济与社会发展统计数据库。

二、主要粮食占全国比重变化

1949 年中国西部小麦产量占全国比重为 28.32%，1978 年达 27.27%，1993 年达 25.95%，1999 年达 18.42%，2015 年达 17.63%。

1949 年中国西部玉米产量占全国比重为 35.44%，1978 年达 30.26%，1993 年达 24.84%，1999 年达 15.68%，2015 年达 29.83%。

1949 年中国西部大豆产量占全国比重为 9.83%，1978 年达 11.68%，1993 年达 14.53%，1999 年达 17.02%，2015 年达 27.52%。

1949 年中国西部稻谷产量占全国比重为 68.48%，1978 年达 23.57%，1993 年达 24.34%，1999 年达 23.93%，2015 年达 21.84%。如图 4 - 6 所示。

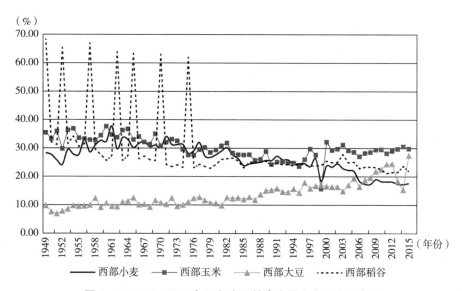

图 4 - 6　1949 ~ 2015 年西部主要粮食产量占全国比重变化

资料来源：中国经济与社会发展统计数据库。

三、存在的突出问题与基本出路

近年来，我国第一产业的发展遇到了前所未有的挑战。

（1）粮价年年上涨，种粮收益却持续下降（见图 4 - 7）。其表层原因是成本增加，根本原因在于受生产效率低下和资源短缺催生的农药、化肥、农膜的过度使用，受粮食补贴和最低收购价递增预期引发的投入品价格提前上涨，受粮价推动的物价上涨，以及人力成本的货币化和显性化的综合推动。

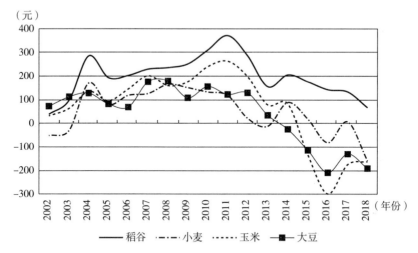

图4-7　2002~2018年主要农作物每亩净利润演变

资料来源：Wind 数据库。

成本项目变动中，最重要的是人力成本的变化。主要推动因素有三个：第一，农业劳动力的稀缺性；第二，农村劳动力与城市保持一致，逐步实现货币化；第三，农村的第三产业和外出务工机会所产生的收益作为农村劳动的机会成本，也成为推动劳动力价格上涨的重要因素。

（2）经营主体后继乏人。当前第一产业的经营主体主要为50多岁的人。由于第一产业收益很低，年轻人大多在城镇或外出打工。大量农村空心化、老龄化、荒废化。根据李秀彬等（2018）的研究，全国142个山区县中235个行政村的耕地撂荒抽样调查发现，2015年78.3%的村庄出现撂荒现象，全国山区耕地撂荒率为14.3%。与此同时，土地"零租金流转"的现象也非常普遍。基于1986~2015年农业部农村固定观察点两万余农户的追踪发现，在已流转的土地中，2002年以来"零租金"流转的比例均超过40%。

（3）消费者对食物需求的多样性远没有满足，表现为饲料用粮需求的快速增长，饲料用粮和畜牧产品的进口持续加速增长。第一个需求缺口是功能性缺口。不是所有的粮食都是饲料用粮，从而满足需求缺口。第二个需求缺口是质量性缺口。国内种植业过度使用化肥农药、畜牧业滥用抗生素、瘦肉精等，食品安全监管状况令人忧虑。第三个需求缺口是增长速度缺口。饲料用粮增产速度赶不上饲料用粮需求的增长速度。第四个需求缺口是结构性缺口。粮食的供需结构均存在品种结构、地区区域、群体差异。粮食品种间争地、粮食作物与其他作物间争地现象严重正是这种矛盾的市场化表现（朱信凯、夏薇，2015）。

解决第一产业发展困境，要从成本与收益两个方面着手。通过适度规模经营，降低第一产业生产成本；通过发展绿色品牌，提高农产品价格。一降一升，拉升第一产业利润空间，提高第一产业经营效益（胡安俊，2020）。

第三节　空间分布

一、主要粮食作物的省域分布

2015 年，西部地区的小麦主要分布于新疆维吾尔自治区、陕西省、四川省、甘肃省，四省（区）的小麦产量为 1863.7 万吨，占整个西部的 81.20%，占全国的 14.32%。如图 4-8 所示。

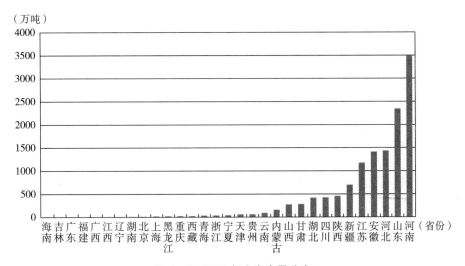

图 4-8　2015 年小麦产量分布

资料来源：中国经济与社会发展统计数据库。

2015 年西部地区的玉米主要分布于内蒙古自治区、四川省、云南省、新疆维吾尔自治区、甘肃省、陕西省，六省（区）的玉米产量为 5589.2 万吨，占整个西部的 83.42%，占全国的 24.88%。如图 4-9 所示。

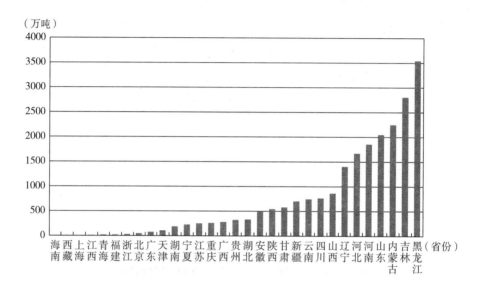

图 4-9　2015 年玉米产量分布

资料来源：中国经济与社会发展统计数据库。

2015 年，西部地区的大豆主要分布于内蒙古自治区、云南省、重庆市、贵州省，四省（区、市）的大豆产量为 153.59 万吨，占整个西部的 99.54%，占全国的 27.40%。如图 4-10 所示。

2015 年西部地区的稻谷主要分布于四川省、广西壮族自治区、云南省，三省（区）的稻谷产量为 3350.1 万吨，占整个西部的 73.65%，占全国的 16.09%。如图 4-11 所示。

二、地理标志产品分布

根据国家质检总局的《地理标志产品保护规定》，地理标志产品是指产自特定地域，所具有的质量、声誉或其他特性本质上取决于该产地的自然因素和人文因素，经审核批准以地理名称进行命名的产品。它包括：①本地区种植、养殖的产品；②原材料来自本地区，并在本地区按照特定工艺生产和加工的产品。

地理标志专门保护制度成为保护地理标志知识产权、提升特色产品质量、促进区域经济发展和对外贸易的有效手段，发挥着越来越大的作用。

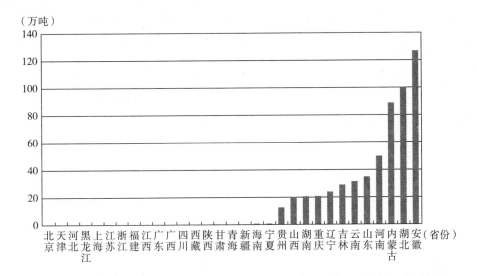

图4-10 2015年大豆产量分布

资料来源：中国经济与社会发展统计数据库。

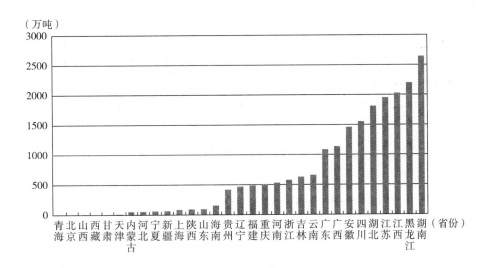

图4-11 2015年稻谷产量分布

资料来源：中国经济与社会发展统计数据库。

一些地理标志产品属于第一产业，另一些是农产品的加工产品，属于第二产业。为了便于表述，都放在这里分析。

　　目前，全国共有地理标志产品 1697 个，西部地区为 669 个，占全国的39.4%。从西部各省（区、市）的地理标志产品个数看，差异非常大。其中，四川省的数量最大，为 276 个，居全国第一位；其次为贵州省，地理标志产品75 个，居全国第八位；最后为甘肃省，地理标志产品 50 个，居全国第十五位（见图 4 - 12、表 4 - 1）。这种差异既与本地的自然禀赋与地域面积有关，更与本地的商业意识与品牌打造意识有关。地理标志产品数量较少的省域宜多加强本地产品的宣传与品牌塑造，提高本地绿色产品的销售收入。

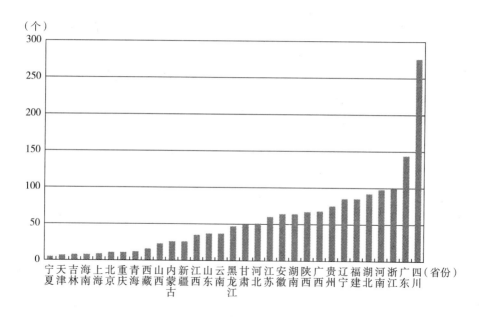

图 4 - 12　中国各省域的地理标志产品个数

表 4 - 1　中国西部各省域的地理标志产品名录

省份	数量	地理标志产品名称
重庆	11	合川桃片、奉节脐橙、南川方竹笋、忠州豆腐乳、石柱黄连、涪陵榨菜、江津花椒、万州红橘、酉阳青蒿、永州豆豉、忠县柑橘

续表

省份	数量	地理标志产品名称
四川	276	江油百合、长宁竹荪、筠连粉条、筠连黄牛、李庄白酒、南溪白鹅、屏山白魔芋、沙河豆腐、兴文方竹笋、平武天麻、安县魔芋、船山豆腐皮、新店七星椒、隆昌夏布、通江银耳、南江金银花、长赤翡翠米、夹江叠鞘石斛、汉源花椒、宝兴川牛膝、汉源坛子肉、荥经砂器、蒙山茶、兴文山地乌骨鸡、邻水脐橙、阿坝蜂蜜、卡子核桃、稻城（亚丁）藏香猪、乡城藏鸡蛋、漆碑茶、乡城藏鸡、安居红苕、射洪野香猪、蓬溪青花椒、利州香菇、利州红栗、曾家山甘蓝、大兴蒜薹、凉山苦荞茶、川酒、青川黑木耳、苍溪猕猴桃、水井坊酒、中江白芍、龙泉驿水蜜桃、双流冬草莓、剑南春酒、都江堰川芎、先市酱油、双流枇杷、古蔺肝苏、攀枝花块菌、富顺豆花蘸水、王家贡米、黄甲麻羊、威远无花果、合江金钗石斛、蒲江丑橘、红原牦牛奶、红原牦牛奶粉、米易红糖、大英长绒棉、自贡冷吃兔、五宝花生、温江酱油、新桥枇杷、仁寿芝麻糕、汉源花椒油、空山核桃、东坡肘子、马湖莼菜、分水油纸伞、青竹江娃娃鱼、河舒豆腐、隆昌豆杆、麻柳刺绣、会东块菌、广安蜜梨、蒲江米花糖、峨边竹笋、大邑榨菜、太源井晒醋、安仁葡萄、江口青鳙、文宫枇杷、宣汉牛肉、仪陇胭脂萝卜、雨城猕猴桃、镇龙山瓦灰鸡、卓筒井盐、梓潼桔梗、麦洼牦牛、安岳柠檬、罗江花生、彭山葡萄、平武厚朴、邛崃黑茶、邛崃黑猪、苏稽米花糖、天宝蜜柚、大邑金蜜李、道孚大葱、德昌桑葚、峨眉糕、峨眉山矿泉水、建昌板鸭、安居黄金梨、泸州老窖系列曲药、中坝口蘑酱油、郎酒、乡城松茸、剑南春、绵竹大曲、黎红鲜花椒油、峨眉山竹叶青茶、尖庄、五粮春、五粮液、临江寺腐乳、盐源苹果、达州橄榄油、松贝、金堂明参、温江大蒜、仪陇大山香米、得荣树椒、九寨猪苓、中江挂面、道明竹编、白龙湖银鱼、广元橄榄油、旧院黑鸡蛋、溪芝鹅、平武核桃、丹棱冻粑、峨眉山雪魔芋、福洪杏、会东松子、巴州川明参、白市柚、苴却砚、黄龙贡米、巴山土鸡、旧院黑鸡、简阳羊肉、茂县花椒、西充二荆条辣椒、达县乌梅、北川花魔芋、筠连苦丁茶、云崖兔、犍为茉莉花茶、会理黑山羊、天池藕粉、北川米黄大理石、宜宾酒、永安白乌鱼、西昌洋葱、大竹香椿、雷波脐橙、江口醇酒、青川天麻、米城大米、富顺香辣酱、雪域俄色茶、蒲江猕猴桃、雅鱼、剑门关豆腐、西昌小香葱、汶川羌绣、青神竹编、通贤柚、屏山炒青茶、梓潼酥饼、周礼粉条、东兴椒、筠连红茶、南充冬菜、田家紫皮大蒜、东柳醪糟、崇阳酒、金堂紫薯、昭化韭黄、乐至白乌鱼、南充丝绸、大竹秦王桃、隆昌土陶、木龙观红萝卜、青川竹荪、攀枝花噢噢鸡、盐边油底肉、保宁压酒、汤麻饼、自贡火边子牛肉、崇州牛尾笋、仪陇酱瓜、金口河川牛膝、夹江书画纸、米易何首乌、汉王山娃娃鱼、蜀绣、王泗白酒、九龙花椒、邛酒、唐场豆腐乳、达县苎麻、都江堰猕猴桃、江油附子、南江山核桃、合江荔枝、资中鲇鱼、唐元韭黄、金口河乌天麻、米仓山茶、龙安柚、都江堰厚朴、川白芷、国胜茶、中江丹参、苍溪雪梨、雁江蜜柑、蒲江雀舌、雅连、南溪豆腐干、彭州大蒜、七佛贡茶、资中冬尖、旺苍杜仲、蜀锦、东坡泡菜、峨眉山茶、双流二荆条辣椒、渠县黄花、北川苔子茶、刀党、金川秦艽、会理石榴、资中枇杷、老鹰茶、南江杜仲、南江厚朴、罗田豆腐、南江黄羊、洪雅藤椒油、罗村茶、龙泉驿枇杷、苍溪川明参、金阳青花椒、涪城麦冬、金阳白魔芋、郫县豆瓣、金阳丝毛鸡、红白豆腐干、合什手工面、邛江青梅酒、隆昌酱油、通川灯影牛肉、安仁蓝莓、舍得系列酒、沱牌系列酒、国窖1573、泸州老窖特曲、自流井精制盐、临江寺豆瓣、五粮醇、布拖附子、碎米芽菜、稻城藏香猪、新津黄辣丁、资中血橙、德阳酱油、五通桥豆腐乳、川芎、中国白酒金山角、朝天核桃、泸州酒

省份	数量	地理标志产品名称
贵州	75	桐梓方竹笋、凤冈富锌富硒茶、丹寨硒锌米、正安白及、兴义铒块粑、沙子空心李、梭筛桃、鸭溪窖酒、榕江葛根、六盘水苦荞米、盘县火腿、水城春茶、罗甸艾纳香、龙里刺梨、惠水黑糯米、罗甸火龙果、罗甸玉、贵定益肝草凉茶、长顺绿壳鸡蛋、独山盐酸菜、册亨茶油、开阳枇杷、开阳富硒茶、修文猕猴桃、惠水黑糯米酒、正安野木瓜、顶坛花椒、大方漆器、大方天麻、大方圆珠半夏、赤水金钗石斛、从江香猪、正安白茶、正安娃娃鱼、玉屏茶油、连环砂仁、习酒、茅台酒、织金竹荪、务川白山羊、黄果树窖酒、安顺蜡染、白旗韭黄、朵贝茶、黄果树矿泉水、镇宁波波糖、黄果树毛峰、绥阳金银花、落别樱桃、六枝龙胆草、岩脚面、六盘水苦荞茶、水城猕猴桃、四格乌洋芋、盘县刺梨果铺、织金续断、赫章核桃、赫章半夏、织金头花蓼、都匀毛尖茶、清镇黄粑、清镇酥李、锡利贡米、三穗鸭、兴仁薏仁米、息烽红岩葡萄、沙子空心李、剑河钩藤、威宁党参、盘县火腿、连环砂仁、兴义铒块粑、虾子辣椒、铜仁红薯粉丝、榕江小香鸡
云南	37	屏边荔枝、昌宁红茶、宾川柑橘、朱苦拉咖啡、龙陵紫皮石斛、泸西除虫菊、红河灯盏花、梁河葫芦丝、芒市石斛、遮放贡米、盘龙云海药品、香格里拉松茸系列产品、云南下关沱茶、蒙自石榴、保山小粒咖啡、石屏豆腐皮、瑞丽柠檬、鹤庆乾酒、腾冲红花油茶油、禄丰香醋、牟定腐乳、大姚核桃、呈贡宝珠梨、寻甸牛干巴、富民杨梅、撒坝火腿、东川面条、广南八宝米、广南铁皮石斛、墨江紫米、昭通天麻、文山三七、福贡云黄连、云南白药、洱源梅子、昌宁核桃、漾濞核桃
陕西	67	韩城大红袍花椒、富平柿饼、临潼火晶柿子、临潼石榴、蓝田白皮松、蓝田玉、二原蓼花糖、商洛丹参、周至山茱萸、周至猕猴桃、户县葡萄、太白酒、西凤酒、洋县黑米、镇巴腊肉、略阳杜仲、汉中仙毫、宁强华细辛、佛坪山茱萸、甘泉红小豆、子洲黄豆、靖边羊肉、靖边土豆、安塞小米、流曲琼锅糖、略阳猪苓、紫阳蓝黑板石、洋县红米、陕西苹果、户县黄酒、富平甜瓜、富平墨玉、府谷海红果、华胥大银杏、泾阳茯砖茶、三原小磨香油、兴平辣椒、太白贝母、宝鸡辣椒、凤县大红袍花椒、平利绞股蓝、北河木瓜、岚皋魔芋、紫阳富硒茶、延川红枣、临潼石榴、耀州瓷、大荔黄花菜、蒲城花炮、华县大葱、潼关酱笋、临潼石榴、延川红枣、延安酸枣、蒲城酥梨、黄龙核桃、略阳天麻、略阳乌鸡、汉中附子、靖边小米、靖边苦荞、定边荞麦、榆林豆腐、横山羊肉、定边马铃薯、清涧红枣、子洲黄芪
甘肃	50	靖远羊羔肉、兰州百合、定西马铃薯脱毒种薯、陇西腊肉、庆阳黄花菜、陇西白条党参、礼县大黄、民勤羊肉、花牛苹果、甘加藏羊、静宁苹果、成县核桃、徽县银杏、秦安蜜桃、靖远黑瓜子、河西走廊葡萄酒、金徽酒、甘谷辣椒、瓜州蜜瓜、礼县苹果、民勤蜜瓜、民勤甘草、环县荞麦、小口大枣、平凉金果、龙神茶、临泽小枣、玉门酒花、民乐紫皮大蒜、秦安花椒、康县黑木耳、两当狼牙蜜、温县纹党、西和半夏、大河家鸡蛋皮核桃、靖远枸杞、庆阳苹果、庆阳香包、环县皮影、红川酒、文县绿茶、武都花椒、武都油橄榄、陇西黄芪、苦水玫瑰、岷县当归、临洮大丽花、敦煌葡萄、酒泉洋葱、临泽小枣

续表

省份	数量	地理标志产品名称
青海	12	热贡唐卡、昂思多矿泉水、乐都沙果、乐都藏香猪、茶卡盐、青海冬虫夏草、昆仑玉、大通牦牛肉、贵德蜂蜜、互助青稞酒、藏毯、湟源陈醋
广西	68	百色芒果、三江茶油、德保山楂、西林火姜、柳江莲藕、英家大头菜、乐业猕猴桃、德保脐橙、岑溪古典鸡、黄姚黄精酒、龙州乌龙茶、巴马火麻、鹿寨蜜橙、雅长铁皮石斛、浦北红椎菌、阳朔金橘、大新苦丁茶、天等指天椒、广西肉桂、融水香鸭、黎塘莲藕、东兰墨米酒、西林姜晶、恭城月柿、桂林腐乳、湘山酒、梧州腊肠、融水糯米酒、灵山凉粉、桂林西瓜霜、桂林三花酒、桂林辣椒酱、金秀绞股蓝、上林八角、横县茉莉花茶、昭平茶、永福罗汉果、荔浦芋、合浦南珠、忻城金银花、梧州龟苓膏、容县沙田柚、凌云白毫茶、西林麻鸭、巴马香猪、西山茶、八渡笋、横县大头菜、南山白毛茶、坭兴陶、灵山荔枝、上林大米、三江茶、黄姚豆豉、西林沙糖橘、浦北香蕉、玉林香蒜、融安金桔、防城金花茶、玉林牛巴、田东香芒、凉亭鸡、博白空心菜、正骨水、博云桂圆肉、霞烟鸡、六堡茶、横县茉莉花
内蒙古	26	清水河小香米、乌珠穆沁羊肉、草原兴发绿鸟鸡系列产品、内蒙古山羊绒、羊绒纱及羊绒系列产品、俄体粉条、科尔沁肥牛肉、巴盟羊绒、敖汉小米、开鲁老白干、固阳燕麦、西旗羊肉、苏尼特羊肉、开鲁红干椒、太和小米、扎兰屯沙果、扎兰屯黑木耳、呼伦湖秀丽白虾、呼伦湖小白鱼、赤峰黄玉米、赤峰绿豆、赤峰小米、三河马、根河卜留克、鄂托克旗螺旋藻、阿拉善肉苁蓉
西藏	16	墨脱石锅、加查核桃、亚东黑木耳、艾玛土豆、八宿荞麦、类乌齐牦牛肉、嘉黎牦牛、日土山羊绒、隆子黑青稞糌粑、林芝天麻、尼木藏香、索多西辣椒酱、古荣糌粑、藏毯、扎囊氆氇、曲玛弄矿泉水
宁夏	5	中卫香山压砂西瓜、贺兰山东麓葡萄酒、同心圆枣、宁夏枸杞、灵武长枣
新疆	26	喀什噶尔石榴、阿克苏苹果、伊犁酒、帕米尔冰川矿泉水、哈密大枣、叶城核桃、英吉沙色买提杏干、阿克苏核桃、阿勒泰羊、和田薄皮核桃、阿勒泰狗鱼、哈密瓜、木垒鹰嘴豆、库尔勒香梨、博斯腾湖鲤鱼草鱼、伽师瓜、吐鲁番黑羊、吐鲁番斗鸡、吐鲁番葡萄干、吐鲁番葡萄、轮台白杏、若羌红枣、木垒鹰豆、英吉沙色买提杏、莎车巴旦木姆、阿克苏红枣

资料来源：http：//www.cgi.gov.cn。

三、特色食品的分布

西部的美食千滋百味，成为带动西部发展和西部旅游的重要动力。严格意义上，食品属于第二产业。但考虑到本部分与第一产业密切相关，故放在本节。

西部地区比较有代表性的特色食品有（见表4-2）。

表4-2　西部重要美食

省份	美食	省份	美食
陕西	带把肘子、箸头春、金钱发菜、佛手鱼翅、明四喜、奶汤锅子鱼、煨鱿鱼丝、烩肉三鲜、肉夹馍、凉皮	西藏	手抓羊肉、酥油糌粑、风干肉、炸灌肺、蒸牛舌、夏河蹄筋
甘肃	牛肉拉面、手抓羊肉、锁阳油饼、凉皮面筋、羊汤油徽子、烧锅子	云南	汽锅鸡、菠萝饭、金钱云腿、滇味凉米线、云南春卷
宁夏	清蒸羊羔肉、烩羊杂碎、丁香肘子、糖醋黄河鲤鱼、手抓羊肉、吴忠白水鸡、燕面揉揉	贵州	稻草排骨、干锅鸡、酸汤、丝娃娃、小米渣
青海	酥油糌粑、青海月饼、羊肉炒面片	四川	东坡肘子、鱼香肉丝、宫保鸡丁、回锅肉、麻婆豆腐、夫妻肺片
新疆	大盘鸡、烤馕、酿皮子、抓饭	重庆	重庆火锅、歌乐山辣子鸡、重庆万州烤鱼、南山泉水鸡、翠云水煮鱼、特色干锅、豆花饭、酸萝卜鸭子汤
内蒙古	全羊、奶茶、莜面、风干牛羊肉	广西	天火烹饪鸡、虫草炖海狗肉、葵花马蹄肉饼、梧州纸包鸡、花雕醉鸡、马肉米粉、糊辣

第五章　第二产业的发展

本章首先分析了西部地区第二产业的总体发展、工业化阶段与智能化方向，其次从布、硫酸、水泥、钢材、汽车、集成电路六大代表性产业着手介绍了第二产业的结构特征与省域空间分布。

第一节　总体发展

一、第二产业的总体发展

自 1970 年我国第二产业的增加值比重（40.3%）超过第一产业增加值比重（34.8%）以来，第二产业快速发展起来。从西部地区看，第二产业同样发展迅速。1949 年西部第二产业产值为 9.13 亿元，占全国第二产业产值的 23.90%。2016 年西部第二产业产值增长到 67355.7 亿元，占全国的 20.18%。

从增长变化看，尽管目前西部的份额已经小于 1950 年的历史最高水平。但从 2003 年以来，西部的份额快速上涨，由 2003 年的 14.86% 提高到 2016 年的 20.18%。如图 5-1 所示。

二、工业化发展阶段的判断

黄群慧（2013）选择以下指标构建工业化水平的评价体系：①经济发展水平方面，选择人均 GDP 作为基本指标；②产业结构方面，选择第一、二、三产业增加值比重为基本指标；③工业结构方面，选择制造业增加值占总商品生产部门增加值的比重为基本指标；④空间结构方面，选择人口城市化率为基本指

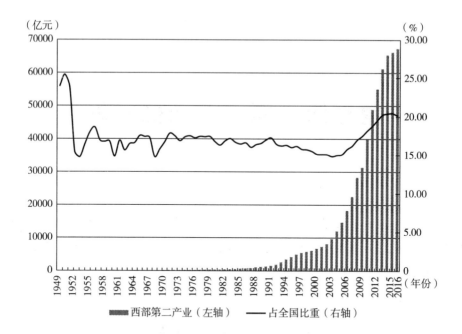

图 5 - 1　1949 ~ 2016 年西部第二产业产值及份额演变

资料来源：中国经济与社会发展统计数据库，国家统计局。

标；⑤就业结构方面，选择第一产业就业占比为基本指标。再结合相关理论研究和国际经验估计确定工业化不同阶段的标志值。

2010 年，中国整体处于工业化后期的前半阶段，西部处于工业化中期的后半阶段。具体到各个省域，西藏自治区、新疆维吾尔自治区处于工业化初期的后半阶段；广西壮族自治区、贵州省、云南省和甘肃省处于工业化中期的前半阶段；四川省、陕西省、青海省、宁夏回族自治区处于工业化中期的后半阶段；内蒙古自治区、重庆市处于工业化后期的前半阶段。如表 5 -1 所示。

三、制造业的信息化网络化智能化

本节着力围绕第二产业的核心主体——制造业的转型升级展开。制造业是国民经济的主体，是立国之本、兴国之器、强国之基。尽管我国制造业已经取得了非常大的成绩，但是仍存在自主创新能力不强、产品质量问题突出、资源利用效率低、技术密集型产业和生产性服务业弱等问题，中国制造业大而不强。随着人类进入信息化与人工智能时代，我国政府提出了创新驱动、质量为先、绿色发展、结构优化、人才为本的基本方针，并形成了诸多具体举措（周济，2015）。

表5-1　西部各省域的工业化发展阶段

工业化阶段		省份
工业化后期	后半阶段	—
	前半阶段	内蒙古、重庆
工业化中期	后半阶段	四川、陕西、青海、宁夏
	前半阶段	广西、贵州、云南、甘肃
工业化初期	后半阶段	西藏、新疆
	前半阶段	—

资料来源：黄群慧. 中国工业化进程：阶段、特征与前景［J］. 经济与管理，2013（6）：5-11.

1. 创新驱动的举措

战略举措之一：智能制造工程。加快推动新一代信息技术与制造技术融合发展，把智能制造作为主攻方向。

战略举措之二：制造业创新体系建设工程。建立以企业为主体、产学研紧密结合的技术创新体系。

2. 质量为先的举措

战略举措之三：工业强基工程。着力加强基础零部件、基础工艺、基础材料和产业技术基础（统称"四基"）等的工业基础能力。

战略举措之四：质量与品牌提升行动计划。全面强化质量意识，提高质量控制技术，完善质量管理机制，推进制造业标准，实现产品质量提升；推进品牌建设，形成具有自主知识产权的名牌产品。

3. 绿色发展的举措

战略举措之五：绿色制造工程。加大先进节能环保技术、工艺和装备的研发和推广；积极推行低碳化、循环化和集约化；强化产品全生命周期绿色管理，努力构建高效、清洁、低碳、循环的绿色制造体系。

4. 结构优化的举措

战略举措之六：高端装备创新工程。集中优势力量，实现新一代信息技术产业、高档数控机床和机器人、航空航天装备、海洋工程装备及高技术船舶、先进轨道交通设备、节能与新能源汽车、电力装备、农机装备、新材料、生物医疗及高性能医疗器械十大领域的重点突破。

战略举措之七：制造业服务化推进行动计划。加快制造与服务的深度融合，促进生产型制造向服务型制造转变，大力发展与制造业紧密相关的生产性服务业。

战略举措之八：现代企业建设行动计划。全力支持企业、服务企业，为企业发展创造最好的环境，培育具有全球竞争力的企业群体。

5. 人才为本的举措

建立健全科学合理的选人、用人、育人机制，改革和完善学校教育体系，加快培养专业技术人才、经营管理人才、技能人才。

四、建筑业的发展

经过改革开放以来的快速发展，建筑业已经形成了以国有企业为骨干、民营企业为主体的所有制结构。2017年全国各种类型的建筑企业超过30万家，其中具有资质的企业达到8.8万家，从业人员5530万人，建筑业增加值55689亿元，占GDP的6.7%。从所有制结构看，全国建筑业企业完成建筑业总产值213953.96亿元，国有控股企业完成总产值67756亿元，占全行业的31.67%。股份制企业从业人员占全部企业的一半以上，成为我国工程建设的中坚力量。从生产经营方式看，由单纯的工程施工向投资、开发、建设、置业等多元化的经营方式转变。从国际竞争力看，随着"一带一路"倡议的推进，中国内地65家企业入选国际承包商250强，数量连续三年居世界首位。

从西部建筑业的发展看，2016年西部地区的建筑业增加值为14625.7亿元，占全国的29.44%。从各个省域看，四川省、陕西省、云南省和重庆市居西部前四位（见表5-2）。从西部省域的地方企业看，代表性企业有：贵州建工集团有限公司、中铁五局集团建筑工程有限责任公司、贵州桥梁建设集团有限责任公司、贵州海宇建设工程发展有限公司、陕西建工集团有限公司、中铁一局集团有限公司、西安建工集团有限公司、中建三局集团有限公司西北分公司、中国水电建设集团十五工程局有限公司、中铁二十一局集团第四工程有限公司、青海送变电工程有限公司、宁夏煤炭基本建设有限公司、宁夏回族自治区第四建筑工程有限责任公司、银川第一市政工程有限责任公司、银川市第一建筑工程有限责任公司、宁夏商建建筑工程集团有限公司等。

表5-2　2016年各省域建筑业发展

省份	2016年建筑业增加值（亿元）	省份	2016年建筑业增加值（亿元）
西藏	342.73	重庆	1715.12
青海	348.67	安徽	1763.53
海南	424.5	云南	1806.22
宁夏	434.2	辽宁	1880.85
甘肃	776.35	河北	1885.27
天津	786.89	陕西	1943.2
黑龙江	874.23	湖南	2016.59
上海	879.81	湖北	2192.97
山西	895.63	河南	2292.04
贵州	955.44	福建	2421.34
吉林	960.87	四川	2472.96
北京	1025.5	广东	2551.82
新疆	1049.93	浙江	2610.72
内蒙古	1322.5	山东	3806.31
广西	1458.41	江苏	4173.66
江西	1610.91		

资料来源：国家统计局网站。

　　针对当前建筑业发展存在的诸多问题，要重点抓好以下工作（刘锦章，2020）。

　　第一，坚持房子是用来住的，不是用来炒的总定位，以稳地价稳房价稳预期为目标，促进房地产平稳健康发展。

　　第二，以加快解决中低收入群体住房困难为中心任务，健全城镇住房保障体系。

　　第三，以改善农村住房条件和居住环境为中心，提升乡村宜居水平。

　　第四，以发展新型建筑方式为重点，促进装配式建筑发展，解决传统建筑方式粗放、质量通病等问题。

第二节　结构特征

本节选择代表性的工业品进行分析，展示第二产业的结构变化特征。

一、布产量份额不断下降

布的种类很多，按照原材料可以分为棉布、麻布、丝绸、呢绒、化纤、混纺等类型，是人们日常生活的重要来源和常用的装饰材料。改革开放以来，西部布的产量不断增长，由1978年的16.65亿米增长到2016年的36.85亿米。但在全国的份额却在不断下降，由1978年的15.10%下降到2016年的4.06%。如图5-2所示。

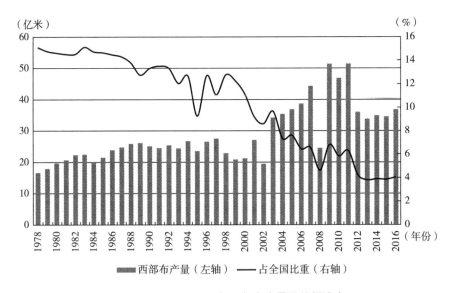

图5-2　1978~2016年西部布产量及份额演变

资料来源：国家统计局。

二、硫酸份额占据半壁江山

硫酸是一种最活泼的二元无机强酸，能和绝大多数金属发生化学反应，因此是一种重要的工业原料，可用于制造肥料、药物、炸药、颜料、洗涤剂、蓄电池等，也广泛应用于净化石油、金属冶炼以及染料等工业中。

改革开放以来，西部地区硫酸的产量不断增长，由1978年的128.37万吨增长到2016年的4411.19万吨。与此同时，在全国的份额不断上升，由1978年的19.42%上升到2016年的48.30%（见图5-3）。西部硫酸产业的飞速增长出现于21世纪初，这与西部大开发带动的投资需求有关，巨大的投资需求带动了硫酸产业的快速增长；同时，也与近10年来东部产业向西部的大幅转移有关。尤其是，国外和我国东部的部分企业为了逃避所在区域的环境约束，来到中国西部，形成了环境避难所效应。

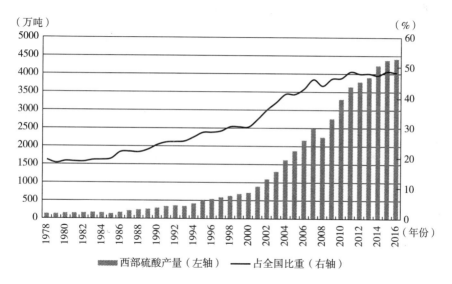

图5-3 1978~2016年西部硫酸产量及份额演变

资料来源：国家统计局。

需要说明的是，我国冶炼酸能力持续上升，产能不断增长，致使供应量不断攀升。与此同时，市场需求不断减少，以磷肥为主的下游产品需求不足。供需矛盾导致硫酸产业长期处于产能过剩状态，硫酸价格不断下降，部分地区出现负价销售，即硫酸企业需要贴钱出货，企业利润大幅下滑。

三、水泥份额快速提高

水泥的生产是以石灰石和粘土为主要原料，经破碎—配料—磨细等工序，制成生料，然后喂入水泥窑中煅烧成熟料，再将熟料加适量石膏磨细而成。水泥种类众多，现有100多个品种。长期以来，水泥作为一种重要的胶凝材料，广泛应用于土木建筑、水利、国防等工程。

从全国看，2019年有7家水泥企业入选中国企业500强，它们是中国建材股份有限公司、安徽海螺水泥股份有限公司、北京金隅集团股份有限公司、华润水泥控股有限公司、唐山冀东水泥股份有限公司、华新水泥股份有限公司、中国山水水泥集团有限公司。

改革开放以来，西部地区水泥的产量不断增长，由1978年的1507.3万吨增长到2016年的82299.98万吨。与此同时，在全国的份额不断上升，由1978年的23.04%上升到2016年的34.14%。从增长速度的时间变化看，2006年，尤其是2008年之后增长速度加快。2008年金融危机的爆发，使中国经济增速下滑压力很大，为了平滑经济下行压力，中国政府加大了投资力度，并通过在西部地区的大量投资，带动中国内部需求，也带动了西部水泥产业的快速增长。如图5-4所示。

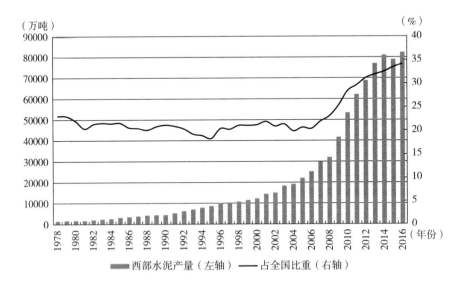

图 5-4　1978~2016年西部水泥产量及份额演变

资料来源：国家统计局。

四、钢材产量不断增长，份额略有下降

炼钢主要是以生铁、海绵铁或废钢为原料，采用转炉炼钢法、平炉炼钢法、电弧炼钢法等方法炼成钢。钢铁冶炼过程中，为了去除杂质、控制出炉钢水温度、去氧等，需要石灰石、白云石、石灰、萤石、氧化铁皮、锰矿等辅料。

2018 年原冶金工业部副部长、中国钢铁工业协会原会长吴溪淳指出，改革开放以来，中国钢铁工业大致经历了五个阶段。第一阶段是 1979～1992 年，改革承包的大潮激发了企业积极性，加快了钢铁工业的发展。第二阶段是 1993～2001 年，国有企业扩大改革开放，通过利用外资和大规模引进先进技术装备、先进管理方法，钢铁工业处于平稳发展期。第三阶段是 2002～2011 年，工业化和城镇化加快发展，市场需求推动钢铁产能产量快速增长，催生了大量民营中小钢铁企业，产业布局失控。中小民营钢铁企业不断增加，造成产业集中度不断下降，逐步丧失了对铁矿石的议价能力。第四阶段是 2012～2015 年，钢铁产能存在严重过剩。第五阶段是 2016 年至今，供给侧结构性改革时期。

西部地区钢材的产量不断增长，由 1978 年的 310.53 万吨增长到 2016 年的 15192.18 万吨。但是，在全国的份额略有下降，由 1978 年的 14.07% 下降到 2016 年的 13.39%。其增长过程与全国的历程有很大的相似性。如图 5-5 所示。

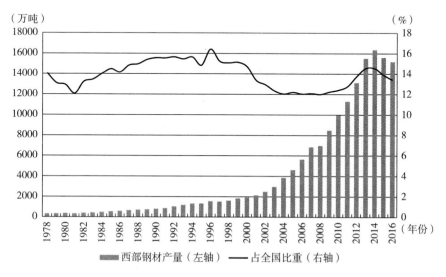

图 5-5　1978～2016 年西部钢材产量及份额演变

资料来源：国家统计局。

五、汽车份额大幅提升

汽车工业是综合性的组装工业，具有非常大的引致效应，能够带动许多工业部门的发展。同时，汽车工业也是高度技术密集型的工业，集中着许多科学领域里的新材料、新设备、新工艺和新技术。因此，受到各个国家的高度重视。

从汽车的类型看，汽车可以分为乘用车和商用车两大类型。乘用车又分为基本型乘用车（轿车）、运动型多用途乘用车（SUV）、多功能乘用车（MPV）和交叉型乘用车（面包车）四种类型。商用车又分为货车、客车两大类型。此外，随着环保问题的日益突出，新能源汽车补贴不断细化，新能源车得以快速发展。

从汽车的产销量看，2018 年基本型乘用车产销量占乘用车的比重分别为48.73%和48.62%；运动型多用途乘用车产销量占乘用车的比重分别为42.32%和42.15%（中国汽车流通协会，2019）。

从汽车的行业骨干企业看，中国十大汽车企业包括：上汽集团、东风公司、中国一汽、北汽集团、广汽集团、中国长安、吉利控股、长城汽车、华晨汽车、奇瑞汽车。

改革开放以来，西部地区经济发展水平不断提高，人们对汽车的需求不断提高，汽车的产量不断增长，由 1978 年的 0.7 万辆增长到 2016 年的 627.01 万辆。与此同时，西部地区汽车产量在全国的份额大幅提升，由 1978 年的 4.69%上升到 2016 年的 22.30%。如图 5 - 6 所示。

六、集成电路快速增长

集成电路是经过氧化、光刻、扩散、外延、蒸铝等制造工艺，把构成具有一定功能的电路所需的半导体、电阻、电容等元件及它们之间的连接导线全部集成在硅片上，然后焊接封装在一个管壳内的电子器件。集成电路技术包括芯片制造技术与设计技术，主要体现在加工设备、加工工艺、封装测试、批量生产及设计创新的能力上。

改革开放以来，西部地区集成电路的产量不断增长，由 1988 年的 1339.45万块增长到 2016 年的 2355900 万块。与此同时，在全国的份额不断上升，由1988 年的 10.18%上升到 2016 年的 17.88%。从时间演化看，2008 年以来西部集成电路的发展速度不断加快。如图 5 - 7 所示。

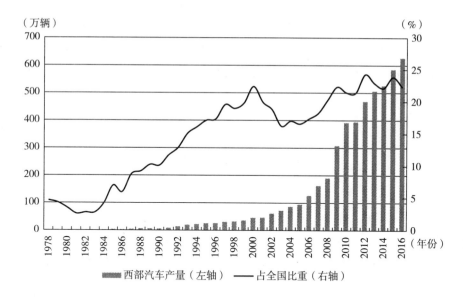

图 5 - 6 1978 ~ 2016 年西部汽车产量及份额演变

资料来源：国家统计局。

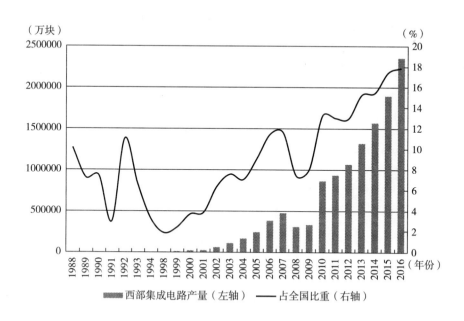

图 5 - 7 1988 ~ 2016 年西部集成电路产量及份额演变

资料来源：国家统计局。

通过六个工业品的演变分析，可以看出西部地区的硫酸、水泥、汽车、集成电路都有了飞快的发展。从时间演变上看，快速增长大致出现于2000年之后。而钢材的份额略有下降，布的份额有较大下滑。这反映了西部地区第二产业的结构演进。

第三节 空间分布

从宏观的空间布局看，第二产业主要集中在各类开发区。其中，国家级开发区是第二产业发展的引领区。国家级开发区主要包括经济技术开发区、高新技术产业开发区和海关特殊监管区域、边境/跨境经济合作区、其他类型开发区等五种类型，总计552家。其中，2018年国家级经济技术开发区共计219家，国家高新技术产业开发区共计156家，海关特殊监管区域共计135家，边境/跨境经济合作区共计19家，其他类型开发区共计23家。从高新技术产业开发区和经济技术开发区看，西部地区分别有49家和39家。这些区域是西部地区第二产业的主要集中区，具有较好的产业基础和人才基础，具有较好的管理水平，担负着技术引进消化吸收再创新的重任。如图5-8所示。

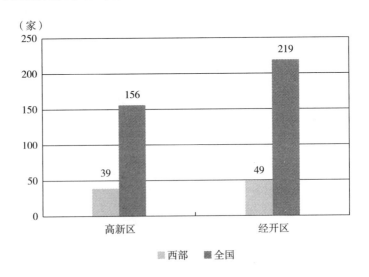

图5-8 2018年西部与全国的高新区和经开区数量

资料来源：科技部和商务部网站。

不同产业的特征不同，具有不同的空间集中度，在空间上表现为不同的区域布局导向。下面依次考察各个工业品在西部各个省域的分布特点。

一、布

从全国看，浙江省是我国布产量的第一大省。从西部地区看，2016年主要分布在四川省和陕西省，分布量分别为19.97亿米和8.84亿米，远远小于浙江的256.93亿米。如图5-9所示。

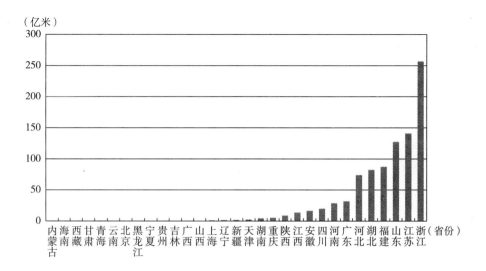

图 5 - 9　2016 年各省域的布产量

资料来源：国家统计局。

二、硫酸

2016年西部地区的硫酸产量主要分布在云南省、贵州省、四川省、甘肃省、广西壮族自治区、内蒙古自治区，它们分别居于全国的第1位、第3位、第5位、第8位、第10位、第11位。如图5-10所示。

硫酸产业空间分布特征背后的一个逻辑是：我国的磷肥产业主要集中在云南省、湖北省和贵州省，三省的产量占全国产量的2/3。在磷肥产业的需求带动下，三个省份的硫酸产业得以快速发展。

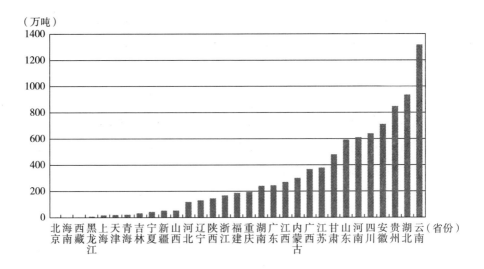

图 5 - 10　2016 年各省域的硫酸产量

资料来源：国家统计局。

三、水泥

由于水泥产业的生产需要大量的耗材（比如石灰石、粘土、石膏），运输成本很高，不适宜长距离运输，因此，水泥产业的空间布局比较分散。从全国看，水泥产业的空间集中度不高。2016 年，西部地区的水泥产量主要分布在四川省、广西壮族自治区、云南省、贵州省等，它们分别居于全国的第 5 位、第 8 位、第 10 位、第 12 位。如图 5 - 11 所示。

四、钢材

经过供给侧结构性改革之后，钢材产业的市场集中度不断提高。从全国看，河北省的产量最大；从西部地区看，2016 年钢材产量主要分布在广西壮族自治区、四川省、内蒙古自治区，它们分别居于全国的第 10 位、第 14 位、第 17 位。如图 5 - 12 所示。

五、汽车

从全国看，汽车产业已经形成了广东、重庆、上海、吉林、广西、湖北、北

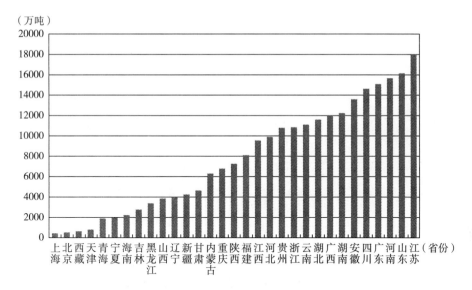

图 5-11　2016 年各省域的水泥产量

资料来源：国家统计局网站。

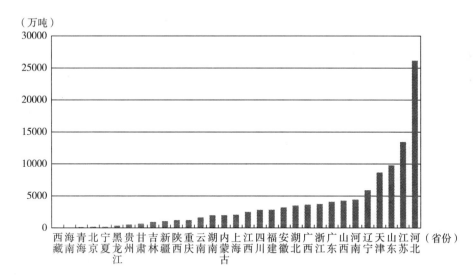

图 5-12　2016 年各省域的钢材产量

资料来源：国家统计局网站。

京七大区域；从西部地区看，2016 年汽车产量主要分布在重庆市、广西壮族自治区，它们分别居于全国的第 2 位、第 5 位。如图 5-13 所示。

（万辆）

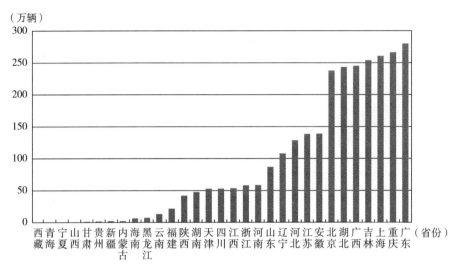

图 5 - 13 2016 年各省域的汽车产量

资料来源：国家统计局网站。

六、集成电路

从全国看，江苏省在先发开放与地方优势服务的综合作用下，已经发展成为我国集成电路的第一大省，产量远远高于其他省域；从西部地区看，2016 年集成电路产量主要分布在甘肃省，居于全国的第四位（见图 5 - 14）。甘肃集成

（万块）

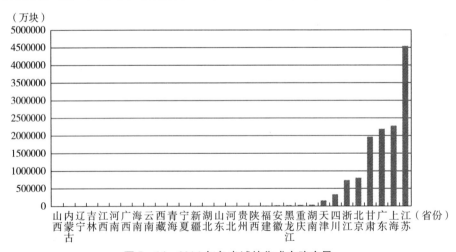

图 5 - 14 2016 年各省域的集成电路产量

资料来源：国家统计局网站。

电路产业主要集中在天水市和兰州新区。其中，作为一家国家高新技术企业，天水华天电子集团专业从事功率半导体器件封装测试，居全球芯片封测业第六位，是国内封测业的龙头；除封测专长外，它还在集成电路设计、制造领域拥有一定的实力。

第六章　第三产业的发展

本章首先分析了西部地区第三产业的战略地位与总体发展；其次从批发和零售业，交通运输、仓储和邮政业，住宿和餐饮业，金融业，房地产业，旅游业六大代表性产业介绍了第三产业的结构特征与省域空间分布。

第一节　总体发展

一、第三产业的战略地位

2012 年，中国第三产业增加值占 GDP 比重达 45.5%，超过第二产业占 GDP 的比重（45.4%），2015 年我国第三产业增加值占 GDP 比重首次突破 50%，达到 50.8%，中国已经进入服务业社会。

随着经济发展水平的提高与产业结构的演进，第三产业在我国国民经济中的重要战略地位越来越突出，主要表现为以下五个方面（李江帆，2004）：

第一，根据投入产出表，我国第三产业 34 个行业中有 18 个行业的中间需求率大于 50%，这些行业具有较强的生产型行业特征，可称为生产服务业，是现代生产系统中不可替代的重要生产要素。

第二，根据投入产出表，我国第三产业 34 个行业中有 16 个行业的中间需求率小于 50%，这些行业具有较强的消费型行业特征，可称为生活型服务业，是提高我国居民生活质量的关键性部门。

第三，随着经济发展水平的提高，人们对第三产业的需求不断提升，第三产业的 GDP 贡献率越来越高。尤其在发达地区和大城市，第三产业成为 GDP 增长的第一推动力。

第四，与经济发展推动力相对应，第三产业的就业吸纳能力不断提高。尤其在第二产业产能过剩的背景下，第三产业将成为或已经成为吸纳就业的第一大动力。从我国整体看，自1994年开始第三产业的就业人口（15515万人）就超过了第二产业的就业人口（15312万人），自2011年起第三产业的就业人口（27282万人）也超过了第一产业的就业人口（26594万人），成为我国吸纳就业的第一大部门。

第五，在自然资源日渐枯竭而人力资源越发突出的背景下，第三产业具有对自然资源依赖度低而对人力资本依赖度高的特征，第三产业将具有更广阔的发展空间。

二、西部第三产业快速发展

中华人民共和国成立以来，西部第三产业快速发展。1949年第三产业产值为11.62亿元，占全国第三产业产值的22.35%。2016年西部第三产业产值增长到70859.6亿元，占全国的18.52%。

从增长变化看，尽管目前西部的份额已经小于1950年的历史最高水平。但自2007年以来，西部的份额快速上涨，由2007年的16.91%提高到2016年的18.52%。如图6-1所示。

三、西部第三产业占GDP比重不断提高

1949年，西部第三产业占GDP比重为16.65%，1989年突破30%，2001年突破40%，2016年达到45.18%。

从第二产业和第三产业的比较看，1999~2003年西部地区的第三产业比重超过第二产业；之后，随着西部大开发的推进，重工业化进程不断加快，第二产业比重再次超越第三产业比重。2016年第三产业比重再次超越第二产业比重，反映出经济结构的转型发展。如图6-2所示。

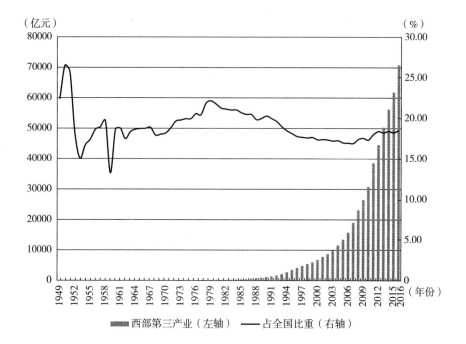

图 6 - 1　1949 ~ 2016 年西部第三产业产值及份额演变

资料来源：中国经济与社会发展统计数据库，国家统计局网站。

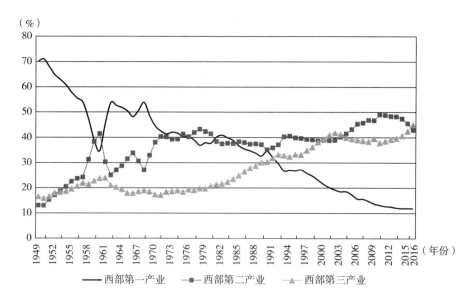

图 6 - 2　1949 ~ 2016 年西部三次产业占 GDP 比重演变

资料来源：中国经济与社会发展统计数据库，国家统计局网站。

第二节　结构特征

基于国家统计局的数据,选择第三产业的六个细分产业进行结构分析。考虑到西部地区整体处于工业化中期阶段,第二产业分析中,选择的是各个工业品占全国的比重,这样能看出各地主导产业的演变。不同于此,这一节选择的是各个细分产业占 GDP 的比重,这样能看出西部地区第三产业内部的结构演变。

一、批发和零售业占 GDP 比重基本不变

作为市场化程度最高的产业之一,批发零售业决定着经济运行速度、质量和效益。当前,中国人均 GDP 突破 1 万美元,无论消费总量,还是消费结构,都有巨大的发展空间。与此同时,经济发展前景广阔,产业分工进一步深化。这些都将推动我国批发零售行业的快速发展。

经济发展与产业分工是一枚硬币的两个方面。近年来,西部经济发展速度不断加快,产业分工不断深化,带动了批发和零售业的快速发展。近年来,批发零售业占 GDP 的比重不断回升,2011 年其产值为 7333.1 亿元,占 GDP 比重为 7.32%;2016 年其产值达 11946.95 亿元,占 GDP 比重为 7.62%。如图 6-3 所示。

二、交通运输、仓储和邮政业占 GDP 比重不断下降

交通运输、仓储和邮政业可吸纳就业人数众多且层次丰富,是吸纳农村剩余劳动力和解决城市失业问题的重要途径。同时,交通运输、仓储和邮政业的快速发展,有利于降低交易成本,促进经济发展。

西部大开发实施以来,西部地区的交通条件得到了极大改善,交易成本不断下降。交通运输、仓储和邮政业快速发展,占 GDP 比重不断下降。2004 年其产值为 1833.51 亿元,占 GDP 比重为 6.33%;2016 年其产值达 7576.87 亿元,占 GDP 比重为 4.83%。如图 6-4 所示。

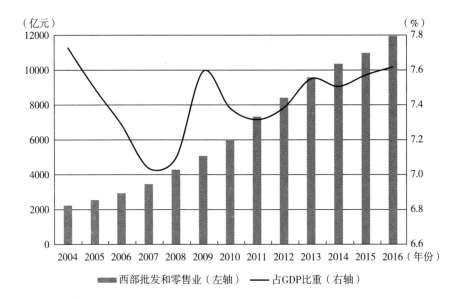

图 6 - 3 2004~2016 年西部批发和零售业及占 GDP 比重演变

资料来源：国家统计局网站。

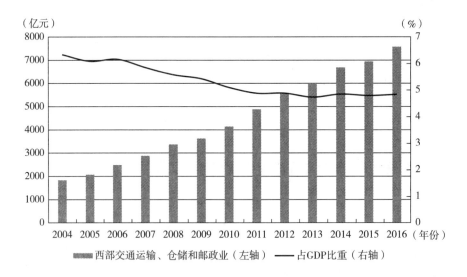

图 6 - 4 2004~2016 年西部交通运输、仓储和邮政业及占 GDP 比重演变

资料来源：国家统计局网站。

三、住宿和餐饮业占 GDP 比重略有上升

随着全国经济发展水平的提高，人们外出就餐、旅游的频次和深度不断提高，带动了住宿和餐饮业的快速发展。近年来，西部的住宿和餐饮业快速发展，占 GDP 比重略有上升。2004 年其产值为 743.51 亿元，占 GDP 比重为 2.57%；2016 年其产值达 4257.98 亿元，占 GDP 比重为 2.72%。如图 6-5 所示。

图 6-5 2004~2016 年西部住宿和餐饮业及占 GDP 比重演变

资料来源：国家统计局。

四、金融业占 GDP 比重大幅上升

金融市场和金融中介的基本功能是将资金从积蓄了资金的家庭、企业和政府那里引导到资金短缺的经济主体那里。金融市场和金融中介有助于资本（用来创造财富的财富）的合理配置，从而对增加生产和提高效率做出贡献。运转良好的金融市场和金融中介通过允许消费者合理安排购买时机，直接改善了消费者生活福利（米什金，2011）。

中国西部的金融业快速发展，占 GDP 比重大幅上升。1993 年其产值为 294.7 亿元，占 GDP 比重为 4.53%；2016 年其产值达 11168.26 亿元，占 GDP

比重为7.12%。如图6-6所示。

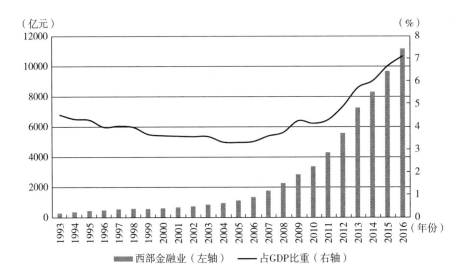

图6-6 1993~2016年西部金融业及占GDP比重演变

资料来源：国家统计局。

五、房地产业占 GDP 比重上升

房地产业具有产业链长、带动作用明显等特点，它的变动通常会对众多相关产业产生较大冲击波。具体而言，房地产业对矿物采选、制造业、邮电运输业等基础的原材料消耗型产业主要是后向拉动作用；对轻纺工业、技术服务以及电子通信业等生活消费型、服务型产业主要是前向推动作用；对金融保险业、建筑业、社会服务业、商业等与房地产业关联最为密切的环向完全关联产业产生需求拉动和供给推动双向作用（王国军、刘水杏，2004）。

西部的房地产业快速发展，占 GDP 比重不断上升。1993 年其产值为 104.23 亿元，占 GDP 比重为 1.60%；2016 年其产值达 5696.65 亿元，占 GDP 比重为 3.63%。如图6-7所示。

六、旅游业快速发展

随着生活水平的不断提高与闲暇时间的增多，人们对旅游业的需求不断提升。作为一种无烟产业、无形贸易、国际化产业和带动力很强的产业，旅游业在带来经济效益的同时，也带动了中国旅游资源的开发、旅游设施的完善和旅游服务的提升。

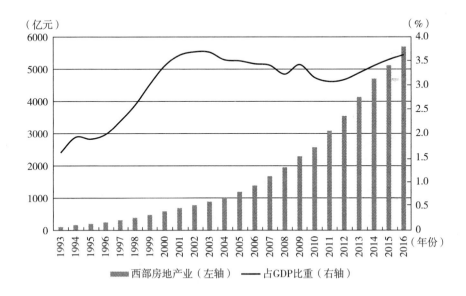

图 6 – 7　1993 ~ 2016 年西部房地产业及占 GDP 比重演变

资料来源：国家统计局网站。

西部地区具有非常丰富而又独特的旅游资源，随着中国对外开放的不断深化，国际游客不断增多，旅游业快速发展。2004 年其国际旅游外汇收入达到了2079.45 百万美元，占全国的 9.89%；2016 年其国际旅游外汇收入达到了13054.83 百万美元，占全国的 17.58%。西部地区已经成为我国吸引国际游客的重要区域。如图 6 – 8 所示。

通过六个细分产业的比较分析可得：金融业、房地产业和旅游业获得了大幅增长，占 GDP（全国）比重快速上升。住宿和餐饮业占 GDP 比重略有上升，批发和零售业占 GDP 的份额基本不变，交通运输、仓储和邮政业占 GDP 比重略有下降。

图 6 - 8　2004 ~ 2016 年西部国际旅游外汇收入及占全国比重演变

资料来源：国家统计局网站。

第三节　空间分布

一、批发和零售业

2016 年西部地区批发和零售业占 GDP 比重最高的是内蒙古自治区，达 10.16%。最低的是宁夏回族自治区，为 4.59%。如图 6 - 9 所示。

二、交通运输、仓储和邮政业

2016 年，西部地区交通运输、仓储和邮政业占 GDP 比重最高的是贵州省，达 8.38%。最低的是云南省，为 2.22%。如图 6 - 10 所示。

三、住宿和餐饮业

从全国看，海南省住宿和餐饮业占 GDP 比重独占鳌头。从西部地区看，2016 年

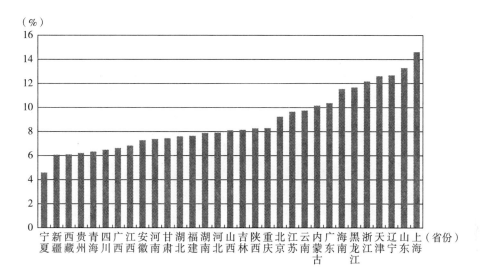

图 6 - 9　2016 年批发和零售业占 GDP 比重比较

资料来源：国家统计局网站。

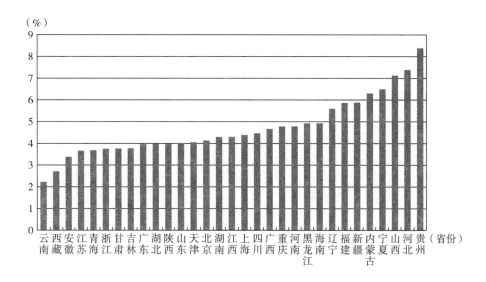

图 6 - 10　2016 年交通运输、仓储和邮政业占 GDP 比重比较

资料来源：国家统计局网站。

住宿和餐饮业占 GDP 比重最高的是内蒙古自治区，达 3.76%。最低的是新疆维吾尔自治区，为 1.66%。如图 6 - 11 所示。

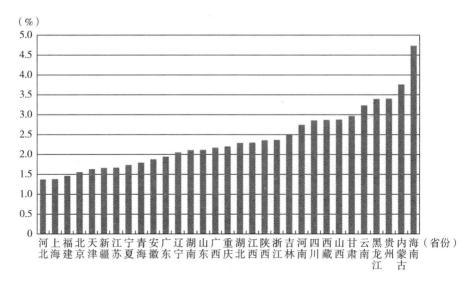

图 6 – 11   2016 年住宿和餐饮业占 GDP 比重比较

资料来源：国家统计局网站。

住宿和餐饮业发达的区域，既是我国重要旅游景点的分布区，也具有诸多知名住宿餐饮企业和众多地方特色名吃。比如，海底捞经过 20 多年的发展，已经成为国际知名餐饮企业。内蒙古自治区的西贝餐饮和小肥羊餐饮连锁有限公司目前已经发展成为国际性的大型餐饮连锁公司。重庆德庄实业集团有限公司在全球现有 1000 余家餐饮门店，产品销售 16 个国家。根据中国大陆城市逛吃指数榜单（2019），贵州省的毕节市、遵义市、铜仁市分居全国第三位、第七位和第十位。依据人均餐饮企业数量，贵州省毕节市居全国 313 个城市的第一位，每万人餐饮企业数量高达 2138 个。

四、金融业

金融产业具有很高的空间集中度，从全国看主要集中在上海市和北京市。从西部地区看，2016 年西部地区金融业占 GDP 比重最高的是青海省，达 9.56%。最低的是内蒙古自治区，为 5.47%。如图 6 – 12 所示。

五、房地产业

2016 年，西部地区房地产业占 GDP 比重最高的是重庆市，达 5.22%。最低的是云南省, 为2.06% 。如图6-13所示。

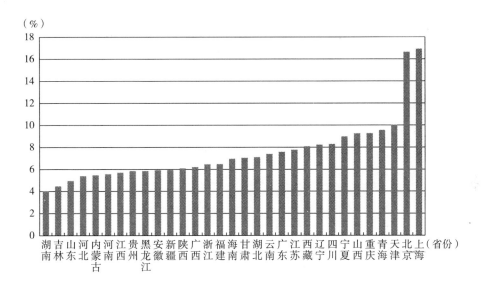

图6-12 2016年金融业占GDP比重比较

资料来源: 国家统计局网站。

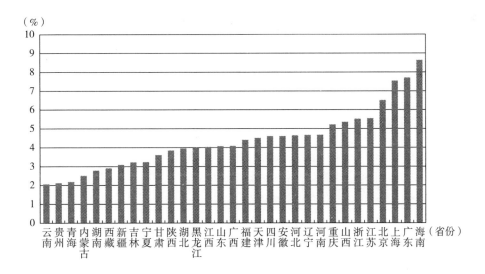

图6-13 2016年房地产业占GDP比重比较

资料来源: 国家统计局网站。

六、旅游景区分布

随着人民收入水平的提高，对旅游的需求不断增长。截至 2017 年 9 月，全国总共有 249 家 5A 级旅游景区。其中，西部地区有 77 家，占全国的 30.9%。从西部各个省、自治区、直辖市看，新疆维吾尔自治区和四川省最多，都为 12 个；其次为陕西省、云南省和重庆市，都为 8 个（见图 6-14、表 6-1）。

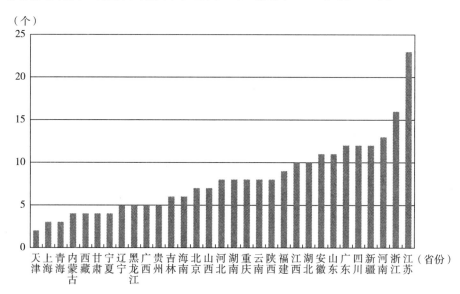

图 6-14　2017 中国各省域 5A 级景区数量分布

表 6-1　中国西部 5A 级景区名单

省份	数量	名称
内蒙古	4	鄂尔多斯市达拉特旗响沙湾旅游景区
		鄂尔多斯市伊金霍洛旗成吉思汗陵旅游区
		呼伦贝尔市满洲里市中俄边境旅游景区
		兴安盟阿尔山市阿尔山柴河旅游景区
广西	5	桂林市漓江风景区
		桂林市兴安县乐满地度假世界
		桂林市秀峰区独秀峰·靖江王城景区
		南宁市青秀区青秀山旅游区
		桂林市两江四湖·象山景区

续表

省份	数量	名称
重庆	8	大足区大足石刻景区
		巫山区小三峡—小小三峡旅游区
		武隆区喀斯特旅游区（天生三硚、仙女山、芙蓉洞）
		酉阳土家族苗族自治县桃花源旅游景区
		綦江区万盛黑山谷—龙鳞石海风景区
		南川区金佛山景区
		江津区四面山景区
		云阳县龙缸景区
四川	12	成都市都江堰市青城山—都江堰旅游景区
		乐山市峨眉山市峨眉山景区
		阿坝藏族羌族自治州九寨沟县九寨沟景区
		乐山市市中区乐山大佛景区
		阿坝藏族羌族自治州松潘县黄龙风景名胜区
		绵阳市北川羌族自治县羌城旅游区（中国羌城—老县城地震遗址—"5·12"特大地震纪念馆—北川羌族民俗博物馆—北川新县城—吉娜羌寨）
		阿坝藏族羌族自治州汶川县汶川特别旅游区（震中映秀—水磨古镇—三江生态旅游区）
		南充市阆中市阆中古城旅游景区
		广安市广安区邓小平故里旅游景区
		广元市剑阁县剑门蜀道剑门关旅游景区
		南充市仪陇县朱德故里景区
		甘孜藏族自治州泸定县海螺沟景区
贵州	5	安顺市镇宁布依族苗族自治县黄果树瀑布景区
		安顺市西秀区龙宫景区
		毕节市黔西县百里杜鹃景区
		黔南布依族苗族自治州荔波县樟江景区
		贵阳市花溪区青岩古镇景区
云南	8	昆明市石林彝族自治县石林风景区
		丽江市玉龙纳西族自治县玉龙雪山景区
		丽江市古城区丽江古城景区
		大理白族自治州大理市崇圣寺三塔文化旅游区
		西双版纳傣族自治州勐腊县中科院西双版纳热带植物园

续表

省份	数量	名称
云南	8	迪庆藏族自治州香格里拉市普达措国家公园
		昆明市盘龙区昆明世博园景区
		保山市腾冲市火山热海旅游区
西藏	4	拉萨市城关区布达拉宫景区
		拉萨市城关区大昭寺景区
		林芝市工布江达县巴松措景区
		日喀则市桑珠孜区扎什伦布寺景区
陕西	8	西安市临潼区秦始皇兵马俑博物馆
		西安市临潼区华清池景区
		延安市黄陵县黄帝陵景区
		西安市雁塔区大雁塔—大唐芙蓉园景区
		渭南市华阴市华山风景区
		宝鸡市扶风县法门寺佛文化景区
		商洛市商南县金丝峡景区
		宝鸡市眉县太白山旅游景区
甘肃	4	嘉峪关市嘉峪关文物景区
		平凉市崆峒区崆峒山风景名胜区
		天水市麦积区麦积山景区
		酒泉市敦煌市鸣沙山月牙泉景区
青海	3	青海湖风景区
		西宁市湟中县塔尔寺景区
		海东市互助土族自治县互助土族故土园旅游区
宁夏	4	石嘴山市平罗县沙湖旅游景区
		中卫市沙坡头区沙坡头旅游景区
		银川市西夏区宁夏镇北堡西部影视城
		银川市灵武市水洞沟旅游区
新疆	12	昌吉回族自治州阜康市天山天池风景名胜区
		吐鲁番市高昌区葡萄沟风景区
		伊犁哈萨克自治州阿尔泰地区布尔津县喀纳斯景区
		伊犁哈萨克自治州新源县那拉提旅游风景区
		伊犁哈萨克自治州阿尔泰地区富蕴县可可托海景区

续表

省份	数量	名称
新疆	12	喀什地区泽普县金胡杨景区
		乌鲁木齐市乌鲁木齐县天山大峡谷
		巴音郭楞蒙古自治州博湖县博斯腾湖景区
		喀什地区喀什市噶尔老城景区
		伊犁哈萨克自治州特克斯县喀拉峻景区
		巴音郭楞蒙古自治州和静县巴音布鲁克景区
		伊犁哈萨克自治州阿尔泰地区哈巴河县白沙湖景区

中国西部 472 个 4A 级景区，具体数量分布如表 6 – 2 所示。陕西省最多，104 家 4A 级景区；其次为四川省，81 家 4A 级景区；最后为云南省，66 家 4A 级景区。

表 6 – 2　中国西部各个省域 4A 级景区的数量分布　　　单位：个

省份	数量	省份	数量	省份	数量
内蒙古	19	云南	66	甘肃	32
广西	36	重庆	58	青海	10
四川	81	西藏	9	宁夏	13
贵州	29	陕西	104	新疆	15

七、西部旅游发展线路

作为第三产业的朝阳产业之一，旅游业是带动西部地区绿色可持续发展的重大产业。基于西部旅游景点的分布，应重点打造以下几条旅游线路。

1. 丝绸之路

丝绸之路，从西安、宝鸡，到天水、兰州、西宁、武威、张掖、酒泉、嘉峪关、敦煌，再到哈密、吐鲁番、乌鲁木齐、库尔勒、库车、喀什，是一条充满历史韵味和瑰丽色彩的道路。沿途分布着许多自然、文化旅游景点，主要有大雁塔、小雁塔、法门寺、麦积山、青海湖、塔尔寺、白塔寺、雷台、嘉峪关、锁阳城、敦煌莫高窟、玉门关、天山天池、楼兰古城、火焰山等，具有深厚的历史文化底蕴和巨大的开发价值。

2. 黄河金岸

黄河是中国的母亲河，发源于青藏高原，后流经四川、甘肃、宁夏、内蒙古、陕西、山西、河南、山东，然后入海。在她流经的沿途九个省、自治区中，有四省、自治区途经西北。青海潺潺清纯的黄河源，甘肃的黄河石林、兰州百里黄河风情线，宁夏的沙坡头、黄河大峡谷，陕西的壶口瀑布。一路弥漫着历史的尘烟和王者气场。

3. 茶马古道

茶马古道是指存在于中国西南地区，兴起于汉藏之间的茶马互市，以马帮为主要交通工具的民间国际商贸通道，是连接横断山脉与喜马拉雅山脉两大民族文化带的走廊。茶马古道萌发于唐，形成于宋明，在清代达到鼎盛。茶马古道主要有两条线路：即滇藏线和川藏线，其中，川藏线的影响最大，最为知名。

滇藏线从昆明出发，经普洱、大理、丽江，到达察隅、林芝、拉萨，最后经过亚东口岸到达印度；川藏线从成都、邛崃出发，经雅安，过飞越岭，渡大渡河，经康定、香江、理塘、巴塘、芒康，到达昌都。然后，经过林芝、拉萨，最后经过亚东到达印度。

4. 红色文化之路

西部地区是我国重要的红丝文化地区。西北地区的延安、庆阳、固原、会宁、兰州、青海海北藏族自治州、乌鲁木齐、石河子，西南地区的重庆、广安、遵义、南充、曲靖、拉萨，分布着许多重要的红色文化遗址和旧址，是爱国主义教育的重要基地。

第七章 基础设施发展与布局

本章依次从交通（公路、铁路、民航）、水利、能源管道、信息等基础设施网络的角度，分析西部地区基础设施的发展过程与分布特征。

第一节 交通设施网络布局

一、公路网络布局

1. 公路里程大幅增长

1949 年，西部公路里程只有 2.71 万千米，占全国的 34.30%。20 世纪 90 年代中期以来，西部地区公路里程大幅增长。1996 年公路里程为 44.87 万千米，占到全国的 37.82%；2016 年公路里程达 190.55 万千米，20 余年增长了 4.25 倍，占全国的 40.57%。如图 7-1 所示。

1988 年，中国大陆首条高速公路（沪嘉高速公路）通车开始，西部高速公路里程快速增长。1990 年西部高速公路通车里程为 7416 千米，2016 年增长到 47538 千米，占全国的 36.30%。如图 7-2 所示。

2. 公路里程省域分布

2016 年，西部地区四川的公路里程居全国第一位，其次为云南省、内蒙古自治区、贵州省、新疆维吾尔自治区、陕西省。六省（区）的公路里程占整个西部的 68.46%。如图 7-3 所示。

2016 年，西部高速公路里程前六位的省域是四川省、贵州省、陕西省、内蒙古自治区、甘肃省、广西壮族自治区，其占整个西部的 66.68%。如图 7-4 所示。

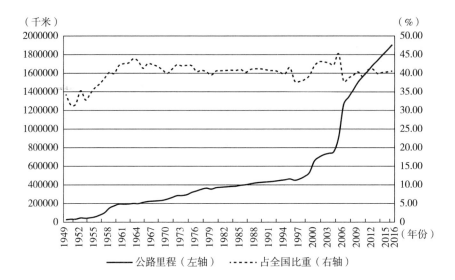

图 7 - 1   1949 ~ 2016 年西部公路里程演变

资料来源：中国经济与社会发展统计数据库，国家统计局网站。

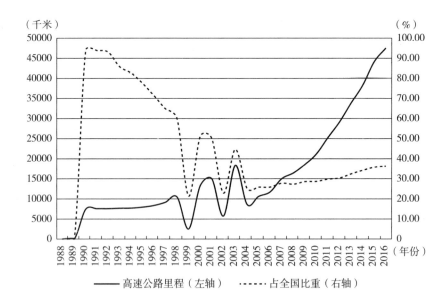

图 7 - 2   1988 ~ 2016 年西部高速公路里程演变

资料来源：中国经济与社会发展统计数据库，国家统计局网站。

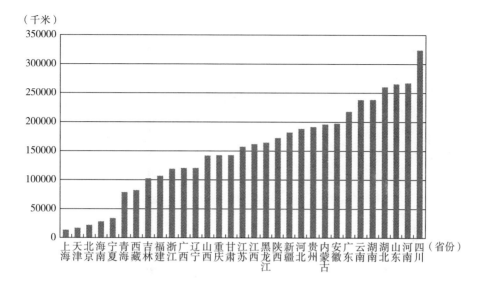

图7－3　2016年公路里程分布

资料来源：国家统计局网站。

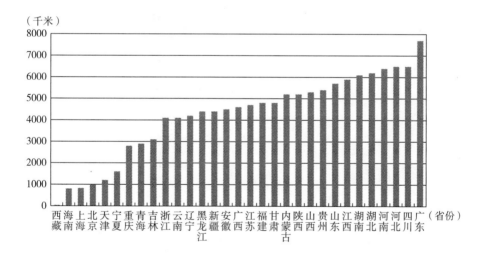

图7－4　2016年高速公路里程分布

资料来源：国家统计局网站。

从增长速度看，自1999年实施西部大开发战略到2016年，公路里程增长最快的省域是贵州省、新疆维吾尔自治区、重庆市。高速公路里程增长最快的省域是甘肃省、贵州省、宁夏回族自治区,远远高于西部和全国增长速度,反映了国家的区域协调战略意图。如表 7-1 所示。

表 7-1 1999 年、2016 年西部公路与高速公路里程增长倍数

地区	公路里程 2016 年/1999 年	高速公路里程 2016 年/1999 年
内蒙古	3.07	—
广西	2.35	8.00
重庆	5.09	20.90
四川	3.63	8.70
贵州	5.64	46.96
云南	2.33	10.12
西藏	3.65	—
陕西	3.99	16.51
甘肃	3.95	369.23
青海	4.30	—
宁夏	3.38	29.09
新疆	5.44	25.88
全国	3.47	11.10
西部	3.58	18.80

注:缺失数据对应的省(区、市)1999 年数据缺失。

二、铁路网布局

中华人民共和国成立以来,西部铁路里程不断增长。1949 年,西部铁路里程只有 2778.4 千米,占全国的 18.10%;2016 年西部铁路里程达到了 50200 千米,占全国的 40.42%,分别增长了 18.07 倍和 2.23 倍。

从增长速度看,西部铁路里程不断加速。1959 年突破 1 万千米,1984 年突破 2 万千米,2006 年突破 3 万千米,2014 年突破 4 万千米,2016 年突破 5 万千米。其中,1994 年和 2007 年是两个重要的节点,两个节点之后的增长速度加快。1994~2016 年,西部铁路里程从 22357 千米增长到 50200 千米,增长了 2.25 倍。如图 7-5 所示。

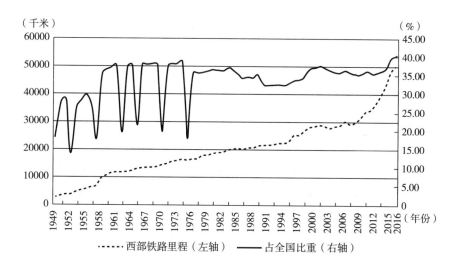

图 7-5 1949~2016 年西部铁路营运里程演变

资料来源：中国经济与社会发展统计数据库，国家统计局网站。

从西部的省域分布看，铁路里程也是不均衡的。内蒙古自治区的铁路里程最长，其次为新疆维吾尔自治区和广西壮族自治区，西藏自治区的铁路里程最少。这种状况一方面与省域的自然条件有关，也与省域的经济与人口规模有关，还与省域的面积有关。如图 7-6 所示。

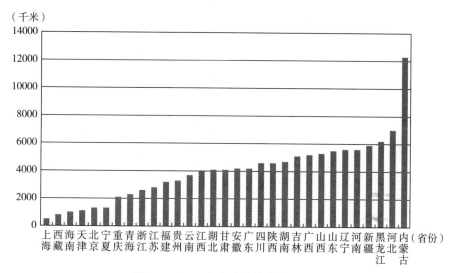

图 7-6 2016 年各省域铁路营运里程

资料来源：国家统计局网站。

需要关注的是，随着高速铁路建设的加快，"四纵四横"的路网格局已经形成，西部路网骨架加快形成，综合枢纽同步完善，路网规模不断扩大，极大地改善了西部地区的交通条件。

根据规划，2030年中国将形成以"八纵八横"主通道为骨架、区域连接线衔接、城际铁路补充的高速铁路网。其中，①"八纵八横"中涉及西部地区的有：呼南通道、京昆通道、包（银）海通道、兰（西）广通道、京兰通道、青银通道、沿江通道、路桥通道、沪昆通道、厦渝通道、广昆通道。②拓展区域铁路连接线。西部地区有玉屏—铜仁—吉首、绵阳—遂宁—内江—自贡、昭通—六盘水、兰州—张掖、贵港—玉林等铁路。③城际客运铁路。成渝建成城际铁路网，关中建设城际铁路骨架网，滇中、黔中、天山北坡、宁夏沿黄、呼包鄂榆等建成城际铁路骨干通道。

三、民用航空网络布局

根据中国民用航空局公布的数据，2017年我国境内民用航空机场229个（不含港澳台），全年旅客吞吐量114786.7万人次，货邮吞吐量达到16177345.4吨，起降10248859架次。其中，西部地区民用航空机场115个，全年旅客吞吐量34032.17万人次，货邮吞吐量达到2445000.03吨，起降3370832架次，分别占全国的50.2%、29.6%、15.11%、32.89%。

2017年，西部旅客吞吐量最大的5个机场，其旅客吞吐量占整个西部的57.77%；最大的10个机场，其旅客吞吐量占整个西部的76.32%；最大的20个机场，其旅客吞吐量占整个西部的88.15%，呈现明显的等级规模结构。如图7-7所示。

2017年，西部货邮吞吐量最大的5个机场，货邮吞吐量占整个西部的75.41%；最大的10个机场货邮吞吐量占整个西部的89.95%；最大的20个机场货邮吞吐量占整个西部的96.16%，等级规模结构更加凸显。如图7-8所示。

2017年，西部起降架次最大的5个机场的起降架次占整个西部的43.43%；最大的10个机场，其起降架次占整个西部的62.03%；最大的20个机场，其起降架次占整个西部的78.72%。如图7-9所示。

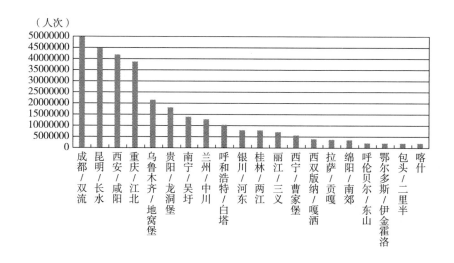

图 7 - 7　2017 年西部旅客吞吐量前 20 大机场分布

资料来源：中国民用航空局。

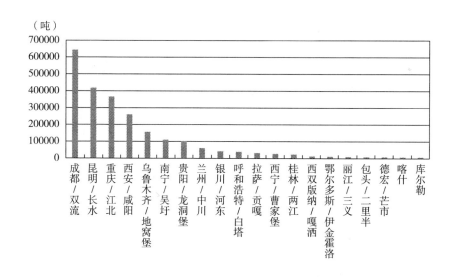

图 7 - 8　2017 年西部货邮吞吐量前 20 大机场分布

资料来源：中国民用航空局。

目前，西部交通的发展面临着一个很大的矛盾。一方面，国家花大力气，修建大量机场，满足居民出行需要，2017 年西部地区民用航空机场达 115 个；另一方面，由于西部人口密度很低，交通流量很小，这导致大多数机场的旅客吞吐量、货邮吞吐量、起降架次都非常少。这既严重影响了航空公司的规模效益，也提高了居民的出行成本，从而进一步降低了本地对外地人才的吸引力。西部地区的都市圈建设是解决企业规模效益、居民出行便利度、吸引外地人才这一困境的出路。

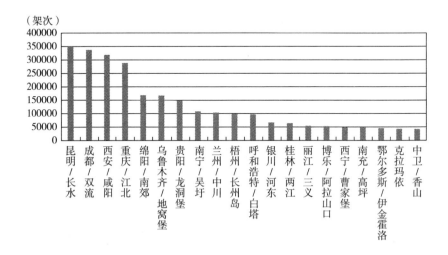

图 7 - 9　2017 年西部起降架次前 20 大机场分布

资料来源：中国民用航空局。

第二节　水利工程建设布局

水利工程建设布局着力分析内河航道与水电站的发展情况。

一、内河航道的发展

内河航道是在内陆水域中用于船舶航行的通道，可分为七个等级。具体而言，一级航道可通航 3000 吨，二级航道可通航 2000 吨，三级航道可通航 1000吨，四级航道可通航 500 吨，五级航道可通航 300 吨，六级航道可通航 100 吨，七级航道可通航 50 吨。1980 年西部的内河航道里程为 1.65 万千米，2016 年达3.38 万千米。从 1980~2016 年的增长演进看，存在两个重要的时间节点，分别是 1998 年和 2002 年，两个节点之后内河航道里程飞跃式阶梯增长。如图 7 - 10 所示。

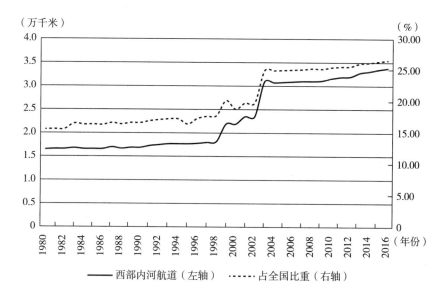

图 7 - 10　1980 ~ 2016 年西部内河航道里程及占全国份额演变

资料来源：国家统计局网站。

从各个省域的分布看，西部的内河航道主要分布于南方。其中，四川省、广西壮族自治区、重庆市、云南省、贵州省因有长江、珠江及其支流通过，内河航道较长。如图 7 - 11 所示。

二、水电站的发展

中国三大阶梯的地势结构，为水电事业的发展提供了优越的自然条件；中国能源供给分布与能源需求分布的不均衡，为水电事业的发展提供了重大的经济条件；全球气候变暖与节能减排倡议，为水电事业的发展提供了重要的外部条件。经过中华人民共和国成立以来的发展，中国水电规模、技术、建设、国际影响力均已处于世界领先地位。

自我国自主设计制造第一座大型水电站——新安江水电站以来，水电事业蓬勃发展。三峡水电站、白鹤水电站、溪洛渡水电站、乌东德水电站、向家坝水

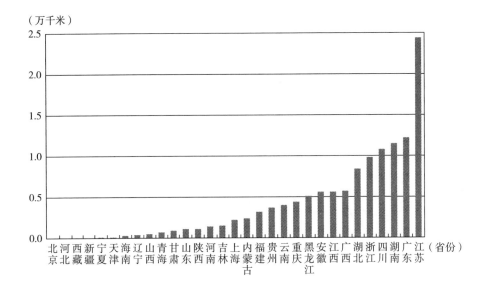

图 7－11　2016 年各省域内河航道里程分布

资料来源：国家统计局网站。

电站、龙滩水电站、糯扎渡水电站、锦屏水电站、扎西瓦水电站、葛洲坝水电站等大型综合性水利水电枢纽纷纷建立。2018 年，我国水电装机容量达到了 35226 万千瓦，年发电量 12329 亿千瓦时，分别占全国电力装机容量和年发电量的 18.5% 和 17.6%，占全球的 27% 和 28%。目前，水电已经成为我国能源体系的重要组成部分，占中国非化石能源发电总量的 2/3 以上，全国电力每 5 千瓦时中约有 1 千瓦时来自清洁环保的水力发电，是清洁能源发电的第一主力。

从技术水平来看，中国自主创造的世界单机容量最大的水电机组（白鹤水电站 100 万千瓦）奠定了我国水电装备技术的世界领先地位。同时，世界最高的面板堆石坝（水布垭水电站坝高 233 米）、世界最高的碾压混凝土坝（龙滩大坝坝高 216 米）、世界第一高拱坝（锦屏一级水电站坝高 305 米）等均由中国建造，我国水电坝工技术领跑国际。

从全产业链能力看，中国水电具备了投资、规划、设计、施工、制造、运营管理的全产业链能力。在"一带一路"倡议的指引与推动下，中国在南美、非洲、东南亚等地区都有工程建设，占据海外水电建设市场的 70% 以上。

第三节 能源通道建设布局

能源安全是国家安全的重要内容。能源通道建设及其多元化是降低能源对外依赖脆弱性、保障国家能源供给多元化等的基础所在。

一、已经建成的能源管网

（1）西气东输工程。西气东输工程是我国距离最长、口径最大的输气管道，将新疆塔里木盆地的天然气运往豫皖苏浙沪鄂湘赣闽粤地区。该工程是拉开西部大开发序幕的标志性建设工程，目前已经有一线、二线、三线工程。其中，一线工程途经新疆—甘肃—宁夏—陕西—山西—河南—安徽—江苏—上海，二线工程途经新疆—甘肃—宁夏—陕西—河南—湖北—江西—广东，三线工程途经新疆—甘肃—宁夏—陕西—河南—湖北—湖南—江西—福建—广东。

（2）中哈原油管道。中哈石油管道是我国第一条战略级国际原油长输管道。2004年由中哈两国参股成立了"中哈管道有限责任公司"，负责原油管道的项目投资、建设、运营等业务，规划年输油能力为2000万吨，西起里海的阿特劳，终点为阿拉山口，全长2798千米。

（3）西部原油管道和成品油管道网。包括乌鲁木齐—兰州1000万吨/年成品油管道、鄯善—兰州2000万吨/年原油管道。

（4）中缅油气管道。起点位于缅甸西海岸皎漂港东南方的微型小岛马德岛，从云南瑞丽进入中国，2013年竣工。可以使原油运输不经过马六甲海峡，从西南地区输送到中国。

（5）西电东送工程。既是西部大开发的标志性工程，也是西部大开发的骨干工程，把贵州、云南、广西、四川、内蒙古、山西、陕西等的电力资源，输送到广东、上海、江苏、浙江、北京、天津等地。

二、"十三五"时期的重点能源工程

根据能源发展"十三五"规划，拟建的重点能源工程如表7-2所示。

表 7 – 2　"十三五"时期西部能源通道建设的重点项目

	重点项目
电力	跨省区外送电通道：建成内蒙古锡盟经北京天津至山东、内蒙古蒙西至天津南、陕北神木至河北南网扩建、内蒙古上海庙至山东、陕西榆横至山东、宁夏宁东至浙江、内蒙古锡盟至江苏泰州、滇西北至广东等大气污染防治重点输电通道以及金沙江中游至广西、观音岩水电外送、云南鲁西背靠背、甘肃酒泉至湖南、新疆准东至华东皖南、扎鲁特至山东青州、四川水电外送、乌东德至广东、川渝第三通道、渝鄂背靠背、贵州毕节至重庆输电工程
	开工建设赤峰至华北、白鹤滩至华中华东、陕北至湖北输电工程
	结合电力市场需求，深入开展新疆、呼盟、蒙西、陇彬、青海、金沙江上游等电力外送通道项目前期论证
	区域电网：适时推进蒙西与华北主网异步联网；完善西北电网 750 千伏主网架，覆盖至南疆等地区；加快实施川渝藏电网与华中东四省电网异步联网，推进实施西藏联网工程；推进云南电网与南方主网异步联网
石油	跨境跨区原油输配管道：完善中哈、中缅原油管道，建设中俄二线。完善长江经济带管网布局，实施老旧管道改造整改
	跨区成品油输配管道：建设三门峡至西安管道，改扩建格尔木至拉萨等管道
天然气	跨境跨区干线管道：建设中亚天然气管道 D 线、西气东输（中段）四线五线、陕京四线、中俄东线、中俄西线（西段）、川气东送二线、新疆煤制气外输、蒙西煤制气外输、青藏天然气管道等
	区域互联互通管道：建成中卫至靖边，建平至赤峰等跨省管谊

资料来源：《能源发展"十三五"规划》。

三、新能源分布、弃风弃光与逐步消纳

西部地区是我国风能、太阳能等新能源的重要基地。2015 年，全国风力发电量为 1857.68 亿千瓦时，其中西部地区的风力发电量为 946.85 亿千瓦时，占全国的 50.97%；2015 年全国太阳能发电量为 387.8 亿千瓦时，其中西部地区的太阳能发电量为 306.8 亿千瓦时，占全国的 79.11%。

从各个省域看，西部风力发电量最大的是内蒙古自治区，居全国第一位；其次是新疆维吾尔自治区和甘肃省，分别居第三位和第四位；最后为云南省，居全国第七位。如图 7 – 12 所示。

从各个省域看，西部太阳能发电量最大的是青海省，居全国第一位；其次是新疆维吾尔自治区和甘肃省，分别居第二位和第三位；最后为内蒙古自治区

和宁夏回族自治区,居全国第四位和第五位。如图 7 - 13 所示。

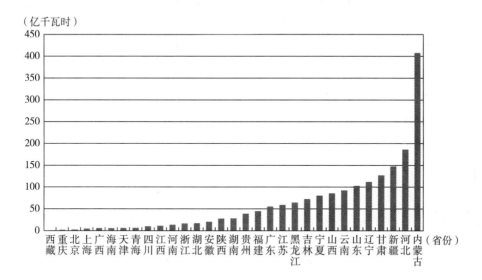

图 7 - 12　2015 年各省域风能发电量分布

资料来源:《中国能源统计年鉴》(2016)。

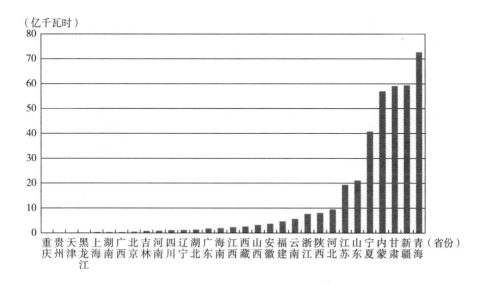

图 7 - 13　2015 年各省域太阳能发电量分布

资料来源:《中国能源统计年鉴》(2016)。

然而，西部地区的新能源存在严重的弃风弃光问题。这是多方面原因导致的结果。首先，经济步入新常态后，电力的需求量增速放缓，是弃风弃光的一个原因；其次，地方规划"脱缰急驰"式"失控"加剧了弃风弃光（周强等，2016）；最后，新能源与传统能源、新能源与电网之间的体制机制矛盾也是一个重要原因。

近年来，在最低保障收购小时数政策和辅助服务补偿机制下，弃风弃光现象得以有效缓解。2016年《可再生能源发电全额保障性收购管理办法》下发，要求全额收购规划范围内的可再生能源发电项目上网电量，该办法确定了可再生能源发电的保障性收购年利用小时数以及在规划期内应当达到的可再生能源发电量占全部发电量的比重，同时针对限电部分对可再生能源电站给予一定补偿，这有效地缓解了弃风弃光现象。2019年，针对消纳保障制度实施过程中出现的问题，《电网企业全额保障性收购可再生能源电量监管办法（修订）（征求意见稿）》下发，其中明确了对电网企业的惩罚措施，进一步落实了对可再生能源发电的全额保障性收购。

四、人工智能在能源通道中的探索性应用

随着人类进入人工智能时代，能源管网需要进一步加强智能化管理。考虑到能源通道种类繁多，其中油气管网的规模最大。本节以油气储运为例，分析人工智能在其中的探索性应用。

1. 智能工地与设备管理

油气工程危险性较高，安全生产既是保障员工安全的首要任务，也是政府和油气企业的重要职责。保障安全生产，需要建设智能工地。通过对施工人员建立信息档案，进行身份确认，筛查人员出入；通过联通物流各个阶段的数据，实时掌握物料配送状态，进行实时智能调配，优化资源管理和使用效率；通过操作流程的可视化、智能化提示，对违章行为进行及时制止，对机械作业状态及作业环境异常进行实时监测，及时筛查原因，降低事故发生率，实现安全生产。

通过安装传感器，可以实现对管道生产运行全过程的数据智能化实时采集、传输和分析，为管道全智能化运行提供支撑。具体而言，输油泵、压缩机组、阀门等是决定管道安全高效运行的关键设备。通过在这些设备上安装传感器，

实时监测它们的振动、温度、流量、电压及电流等信息。在此基础上，人工智能技术可通过数据比对和分析发现异常值，并进行预警，从而将工作重点提到维修之前。对于需要维修的情形，人工智能平台会根据维修管理人员的空间位置数据，自动将维修单推送给最短路径的维修人员，缩短维修时间，实现管道的正常生产运行（蔡永军等，2019）。

2. 智能调度与趋势预测

智能调度，既包括人员的调度，也包括物资的调度。采用 GPS 系统，实时判断维护人员的行为与位置。基于人工智能平台发出的设备检修和维修需求，调度最近的维修人员，从而缩短维修时间；根据物流数据，实时掌握物资在各个流程的状态，根据物资的供求关系，及时进行调度，保障正常运行。

基于人工智能大数据分析优势，并结合专家经验规则，深入分析长期沉淀在管道数据仓库中的大量数据，对管道运行状态进行准确有效的趋势预测：根据传感器的数据，发现管道腐蚀和油气泄漏的潜在地点，及早进行诊断和维护。同时，根据管道内壁油块的附着量，以及原油的物理特征，进行趋势判断，及时进行管道清洗，提高油气运输的效率。

3. 预报预警与监督控制

预报预警和监督控制是保障油气储运安全、提高运行效率的关键一环。长期以来，管网储运系统的分散性和广泛性使预报预测和监督控制十分困难。人工智能的出现，大大延展了人类的预警和监督能力。通过传感器，采集油气储运现场的数据，同时将数据上传至上位机。上位机借助程序，结合历史数据和报警数据，对现有数据进行诊断，在此基础上做出是否对阀门的运动实施必要控制的决策，从而有效监督控制油气储运的全过程（郑桂生，2013）。

第四节 信息基础设施布局

一、信息基础设施的发展

随着人类进入人工智能时代，数据成为继土地、资源、劳动、资本之外的另一种新的重要生产要素，其重要性越发突出。而信息基础设施的建设是保障数据生产、数据传输、数据存储、数据利用等的基础，具有重大的战略意义与实践价值。因此，受到了各国政府的高度重视。从国际比较看，欧洲的信息化发展水平最高，其次为独联体国家和美洲，亚太地区接近世界平均水平，非洲国家的信息化水平最低。

中国高度重视信息基础设施建设，各个省域的信息化水平都有了快速的发展。随着西部大开发的推进，西部地区信息基础设施不断发展。2014~2016 年，西部移动互联网用户由 22413.53 万户提高到 27990.45 万户，占全国的比重由 25.61% 提高到 25.59%。如图 7 - 14 所示。

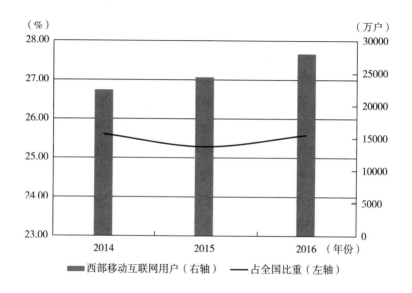

图 7 - 14　2014~2016 年西部移动互联网用户演变

资料来源：国家统计局网站。

从互联网宽带用户的发展看，2014~2016 年西部地区互联网宽带接入用户从 4237.2 万户提高到 6794 万户，占全国的比重则相应地从 21.13% 提高到 22.86%。如图 7 - 15 所示。

二、信息基础设施的布局

从 2016 年西部各个省域的移动互联网用户数量比较看，四川的用户最多，达到了 6358.42 万户，居全国第 6 位。西藏最少，达到了 176.22 万户（见

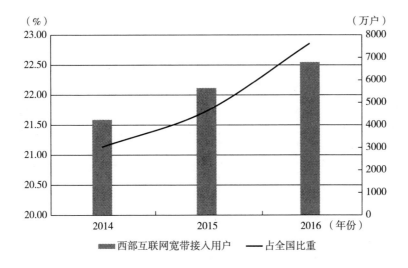

图 7 – 15 2014 ~ 2016 年西部互联网宽带接入用户演变

资料来源：国家统计局网站。

表 7 – 3）。

从 2016 年西部各个省域的互联网宽带接入用户数量比较看，四川的用户最多，达到了 1851.2 万户，居全国第 5 位。西藏最少，达到了 40.2 万户（见表 7 – 3）。

表 7 – 3 2016 年各个省域的移动互联网用户和互联网宽带接入用户数量

省份	移动互联网用户 （万户）	省份	互联网宽带接入 用户（万户）	全国排名
西藏	176.22	西藏	40.2	31
青海	434.57	青海	99.7	30
宁夏	602.14	宁夏	111.9	29
海南	816.6	海南	186.5	28
天津	1125.42	天津	283.9	27
新疆	1633.55	甘肃	392.9	26
甘肃	1804.94	内蒙古	417.2	25
吉林	2029.74	吉林	440	24
内蒙古	2045.16	贵州	459.5	23

续表

省份	移动互联网用户（万户）	省份	互联网宽带接入用户（万户）	全国排名
山西	2485.33	新疆	468.4	22
黑龙江	2510.91	北京	475.8	21
贵州	2528.71	黑龙江	575.1	20
重庆	2556.02	上海	635.7	19
江西	2602.79	云南	655.3	18
上海	2662.29	重庆	704.7	17
广西	3163.9	山西	747.2	16
福建	3267.49	广西	790	15
云南	3302.06	陕西	803	14
陕西	3384.76	江西	822.5	13
辽宁	3529.83	辽宁	971.7	12
北京	3594.04	湖南	1066.9	11
湖北	3639.94	安徽	1075	10
安徽	4179.9	湖北	1131.9	9
湖南	4350.73	福建	1144.6	8
河北	5518.33	河北	1612	7
四川	6358.42	河南	1767.2	6
浙江	6366.29	四川	1851.2	5
河南	6378.26	浙江	2159.7	4
山东	7391.24	山东	2366.5	3
江苏	7436.86	江苏	2685.2	2
广东	11518.4	广东	2779.4	1

资料来源：国家统计局网站。

随着人类进入人工智能时代，数据成为新的生产和生活要素，各个行业都在加快信息化的升级步伐。信息通信基础设施的升级、布局与完善既是促使各个省域发展机会均等的必然要求，也是各个地区实现产业升级与提升居民生活需求的必然要求。

面向未来，信息基础设施还需要在以下四方面加强改善与升级（农工党中央，2020）。

第一，加快 5G 基础设施建设。为对冲疫情带来的经济压力，国家启动了新基建建设，5G 基础设施是新基建的重要内容。为了推动信息基础设施建设，政府在运营商企业的贷款、公用设施的共享、运营成本尤其是电费方面给予大力支持。

第二，发展网络安全技术。随着 5G 广泛应用于生产和生活的方方面面，网络安全成为首要的问题。一方面，迫切需要研发和构建安全的 5G 网络环境；另一方面，需要遵循和谐友好、尊重隐私、安全可控、共担责任的原则，加强法制的完善与道德教育，把控科技发展的方向。

第三，加快推广 IPv6 互联网。IPv6 协议能够显著改善互联网服务和安全性。然而，目前我国的移动宽带和固定宽带 IPv6 的普及率较低，需要加快推广普及。

第四，大力推动高端软件的国产化和广泛应用。信息基础设施的运行依托于软件的运行。为了打赢全球科技战，必须大力发展自己的高端软件，通过集中攻关高端软件的共性问题，设置软件标准，打造国产高端软件。同时，引导全社会使用国产软件，促进其在应用中不断提升和完善。

第八章　公共服务发展与特征

公共服务是政府的核心职能，是促进机会平等、人的发展与社会正义的关键所在。公共服务包含内容众多，本节着力分析西部地区教育文化、医疗卫生、社会保障和体育事业的发展与特征。

第一节　教育文化的发展

一．教育文化事业快速发展

1949～2016 年，西部教育事业快速发展，取得了突出的成绩。1949 年西部高等学校教职工数只有 2026 人，占全国的 9.22%；2016 年增长到 576500 人，占全国的 23.97%。从时间演变看，1984 年和 1995 年是两个重要的节点，节点之后教职工数快速增长。如图 8－1 所示。

1949～2016 年西部文化事业也取得了骄人的成绩。1949 年，西部艺术表演团体机构数只有 117 个，占全国的 22.03%；2016 年增长到 2831 个，占全国的 23.04%。从时间演变看，2006 年是一个重要的节点，节点之后艺术表演团体数快速增长。如图 8－2 所示。

二、西部省域的差异分布

从教育看，西部地区的四川省和陕西省是两大中心，高校云集，教育资源丰富，分别具有高等学校教职工 123900 人和 103500 人，两省占整个西部的 39.44%。如图 8－3 所示。

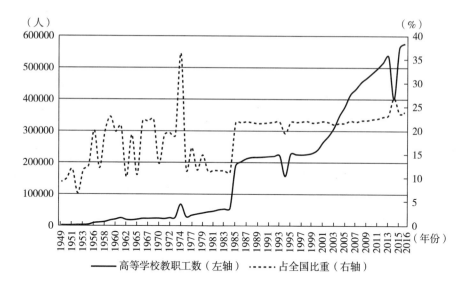

图 8 - 1　1949 ~ 2016 年西部高等学校教职工数及占全国比重演变

资料来源：中国经济与社会发展统计数据库，国家统计局网站。

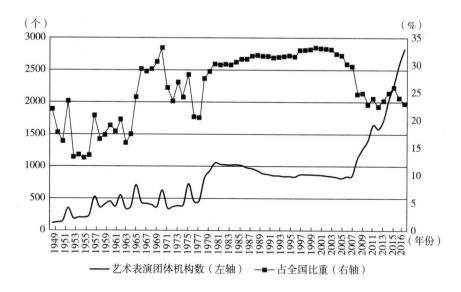

图 8 - 2　1949 ~ 2016 年西部艺术表演团体机构数及占全国比重演变

资料来源：中国经济与社会发展统计数据库，国家统计局网站。

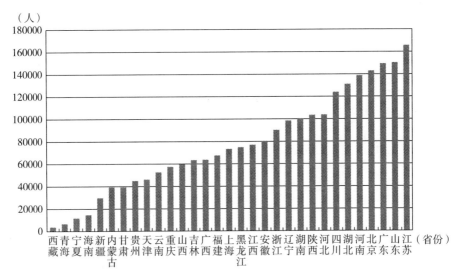

图 8 - 3　2016 年高等学校教职工的省域分布

资料来源：国家统计局网站。

教育的省域差异，也可以从"985"高校和"211"高校的分布看出。西部地区的"985"高校数量为 7 所，"211"高校数量为 25 所。其中，分布在陕西和四川两省的最多。如表 8 - 1 所示。

表 8 - 1　全国各省域的"985"高校和"211"高校数量分布

省份	"985"高校数量	"211"高校数量
北京	8	26
天津	2	3
河北	0	2
山西	0	1
内蒙古	0	1
辽宁	2	4
吉林	1	3
黑龙江	1	4
上海	4	10
江苏	2	11
浙江	1	1

续表

省份	"985"高校数量	"211"高校数量
安徽	1	3
福建	1	2
江西	0	1
山东	2	3
河南	0	1
湖北	2	7
湖南	3	4
广东	2	4
广西	0	1
海南	0	1
重庆	1	2
四川	2	5
贵州	0	1
云南	0	1
西藏	0	1
陕西	3	8
甘肃	1	1
青海	0	1
宁夏	0	1
新疆	0	2

资料来源：国家统计局网站。

从艺术表演团体的省域分布看，西部地区的艺术表演团体主要分布在重庆市、四川省，分别有770个和621个，占西部地区的49.13%。如图8-4所示。

三、教育存在的主要问题

尽管西部的高等教育事业取得了非常大的成绩，但根据调查研究发现，中小学教育还存在以下五个突出性的问题：

（1）职称名额不足。由于职称名额不足，使达到职称评审条件而未能评聘的教师较多，在一定程度上挫伤了教师的工作积极性。

（2）新的编制标准无法满足寄宿制学校的运转需要。按照新的编制核算方法，中小学都面临减少编制的要求。农村"空心化"背景下，由于许多县市

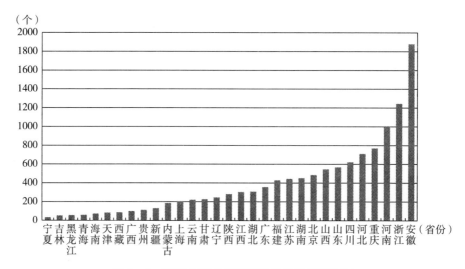

（个）

图 8 - 4　2016 年艺术表演团体机构的省域分布

资料来源：国家统计局网站。

面积较大，寄宿学生较多，新的编制标准无法满足学校对卫生保健人员、生活指导教师、心理健康教师和安全保卫人员的需要，学校运转非常困难。

（3）绩效考核缺少统一标准。为了激励教师的工作积极性，各地实施了不同的绩效考核标准，绩效标准不一，不利于激发教帅栔极性。

（4）对教师身心健康的关注不够。尤其是中考和高考的任课教师，其心理压力很大，相关部门对这些教师的身心健康关注不足。

（5）全社会尊师重教的环境还需要改善。教师作为人类灵魂的工程师，其教学质量直接关系到祖国的未来发展。当前全社会尊敬老师、敬重老师的环境还需要进一步完善，从而为更多的人从事教育事业、更好地投入教育事业奠定基础。

第二节　医疗卫生的发展

一、医疗卫生事业快速发展

1978～2016 年西部医疗卫生事业取得了快速的发展。1978 年西部卫生人员

数只有 66252 人，占全国的 36.57%；2016 年增长到 3046600 人，占全国的
27.29%。从时间演变看，2006 年是一个重要的节点，节点之后卫生人员数快速
增长。如图 8 - 5 所示。

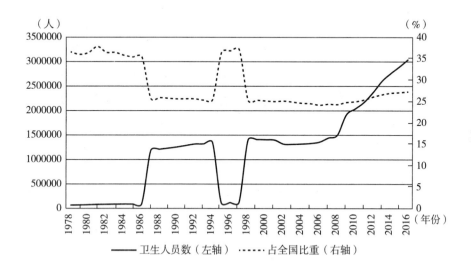

图 8 - 5　1978 ~ 2016 年西部卫生人员数及占全国比重演变

资料来源：中国经济与社会发展统计数据库，国家统计局网站。

二、医疗卫生事业的省域差异

从卫生人员的省域分布看，四川省、广西壮族自治区、陕西省、云南省的
人员数量位居西部前列，四省（区）占到整个西部的 57.88%。如图 8 - 6 所示。

从医学院校的分布看，西部地区在全国排名前 40 位的医学院只有 7 所，分
布在四川省、陕西省、重庆市、新疆维吾尔自治区、广西壮族自治区。如表 8 - 2
所示。

三、医疗卫生事业存在的问题

对于西部地区而言，医疗卫生事业还存在一些比较突出的问题，主要表现
在以下四个方面。

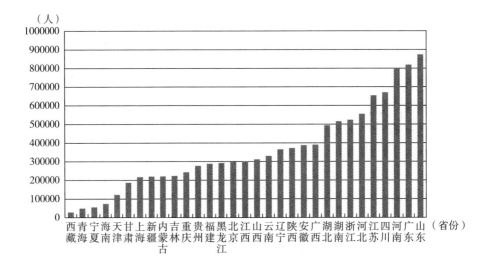

图8－6　2016年卫生人员的省域分布

资料来源：国家统计局网站。

表8－2　全国前40名医学院校分布

医学院校名称	省份	医学院校名称	省份
上海交大医学院	上海	北京协和医学院	北京
北京大学医学部	北京	复旦大学医学部	上海
首都医科大学	北京	四川大学华西医学中心	四川
华中科技大学同济医学院	湖北	中南大学湘雅医学院	湖南
中山大学中山医学院	广东	浙江大学医学院	浙江
第四军医大学	陕西	第二军医大学	上海
南方医科大学	广东	山东大学齐鲁医学部	山东
南京医科大学	江苏	第三军医大学	重庆
中国医科大学	辽宁	重庆医科大学	重庆
哈尔滨医科大学	黑龙江	吉林大学白求恩医学部	吉林
天津医科大学	天津	西安交大医学部	陕西
解放军医学院	北京	武汉大学医学部	湖北
苏州大学医学部	江苏	清华大学医学院	北京
郑州大学医学院	河南	同济大学医学院	上海
安徽医科大学	安徽	河北医科大学	河北
南京大学医学院	江苏	新疆医科大学	新疆

续表

医学院校名称	省份	医学院校名称	省份
广州医科大学	广东	山西医科大学	山西
大连医科大学	辽宁	温州医科大学	浙江
东南大学医学院	江苏	青岛大学医学部	山东
南昌大学江西医学院	江西	广西医科大学	广西

资料来源：www.360doc.com/content/18/0602/23/6552072_ 759199159.shtml。

（1）基层医疗卫生人员流失和短缺。一方面，由于基层经济发展水平较低，难以聘任到优秀的医疗卫生人员前来工作；另一方面，对于基层优秀的医疗卫生人员，有向更高行政级别城市或中东部城市的医疗卫生单位转移的趋势。两个方面的作用，使基层医疗卫生人员，特别是优秀的医疗卫生人员短缺。

（2）医疗卫生人员的激励机制还不足。医疗卫生人员存在干多干少差不多的问题，工作与收入不匹配，激励机制不足。

（3）基础医疗人员的住宿条件紧张。在工业化、城镇化的双重推动下，基层农村出现空心化、老龄化等突出问题，在此背景下，为了提高医疗卫生事业的效率、充分利用现有医疗卫生人员、提高医疗诊断水平，医疗卫生单位采取了集中合并的举措。而这对地域面积比较大的西部基层来说，就面临着医疗卫生人员需要住宿的问题。而当前基层的医疗卫生住宿条件比较紧张，给医疗卫生人员带来了诸多不便，这也间接推动了医疗卫生人员的流失。

（4）医疗数据孤岛与信息化水平有待进一步提高。随着人类进入人工智能时代，数据成为新的生产要素，而医疗数据孤岛问题成为阻碍信息共享与智能化发展的关键障碍。

第三节 社会保障的发展

一、最低生活保障的发展

基于国家统计局数据，只能获取 2010 年数据。从每人每月的城市最低生活保障看，西部地区最高的是西藏自治区，达 306 元；最低的是新疆维吾尔自治区，为 183 元。从每人每月的农村最低生活保障看，西部地区最高的是内蒙古自治区，达 161 元；最低的是西藏自治区，为 64 元。如图 8 - 7 所示。

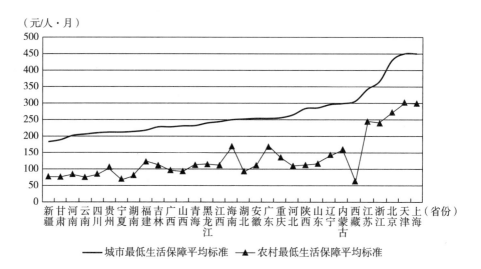

图 8 - 7   2010 年城市农村最低生活保障平均标准

资料来源：国家统计局网站。

二、社会保障的压力较大

2016 年西部地区的农村人口还有 1.86 亿人，占全国的 32.02%。由于中国特色的转型体制，长期以来农业和农村为工业和城市做出了巨大牺牲，国家层面没有给予他们体面的社会保障。随着农村人口的年龄增长，外出务工变得十分困难，传统的土地和子女养老压力不断加大。同时，国家统一覆盖的广大农民的社会保障水平很低。农村人口的社会保障问题将成为影响乡村人口生活的重大挑战。从国家层面，逐步提升农村人口的社会保障水平，符合社会公平正义，也符合我国社会主义和谐社会建设的要义。

三、社会保障存在的挑战

当前西部的社会保障还存在以下挑战（郑功成，2014）：

（1）利益失衡与利益固化的樊篱。在城乡分割、地区分割的格局下，职工基本养老保险全国统筹的目标难以顺利实现，医疗保障的城乡分割在大多数地区仍然难以突破，社会救助体系与相关福利项目仍然城乡有别、地区差距过大。

（2）人口老龄化、少子化带来的压力。随着老龄化、少子化时代的来临，老年人的公共支出急剧增长，养老金支付、医疗保险基金支出、养老服务的供给压力持续攀升。

（3）大规模流动人口与社会保障排斥。大规模流动人口的社会保险的异地衔接及权益维护难以得到保障，以地域为条件的相关福利制度安排将流动人口排斥在外。

（4）体制性障碍造成的路径依赖。城乡分割、地域分割的户籍制度，使农民工难以获得与本地居民同等的福利权益。体制内人员与体制外人员或者有编制人员与无编制人员，固定工、临时工及劳务派遣工、借调工等，同工不同酬，同制不同权。

第四节 体育事业的发展

一、体育事业稳步发展

体育运动既有利于增强体质，促进人的全面发展，又是人与人交流的重要手段，有利于丰富社会文化生活和促进精神文明建设。西部地区的体育事业取得了较大的成绩。2010～2015 年等级运动员发展人数分别为 9619 人、7267 人、9550 人、10805 人、10005 人和 9328 人，分别占全国的 21.50%、19.25%、20.79%、21.38%、22.29% 和 22.16%。如图 8 - 8 所示。

从西部地区的等级教练员的情况看，2010～2015 年其发展人数分别为 340人、241 人、256 人、370 人、461 人和 393 人；分别占全国的 23.50%、23.15%、33.64%、24.58%、27.97% 和 24.58%。如图 8 - 9 所示。

从人口数量与运动员和教练员的比较看，2016 年西部地区常住人口为 3.74亿人，占全国的 27.11%。这一比重高于西部地区等级运动员和等级教练员占全国的比重水平，西部地区的体育事业仍然需要加大发展。

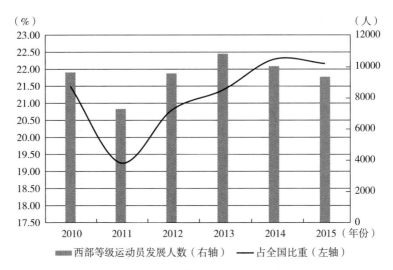

图 8 – 8　2010～2015 年西部等级运动员发展人数及占全国比重

资料来源：国家统计局网站。

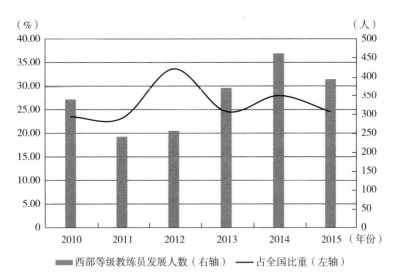

图 8 – 9　2010～2015 年西部等级教练员发展人数及占全国比重

资料来源：国家统计局网站。

二、西部省域的差异分布

从等级运动员发展人数看，西部地区的四川省、重庆市和内蒙古自治区分别居于西部地区的前三位，它们分别居于全国的第九位、第十六位和第十八位。如图 8 – 10 所示。

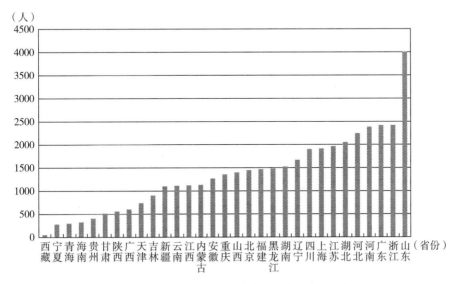

图 8 – 10　2015 年各个省域等级运动员发展人数

资料来源：国家统计局网站。

　　从等级教练员发展人数看，西部地区的云南省、四川省和陕西省分列西部地区的前三位，它们分别居于全国的第六位、第八位和第十三位。如图 8 – 11所示。

　　等级运动员和等级教练员的培养和发展越来越依赖于精密的仪器与科学的方法，西部地区较低的经济发展水平是运动员和教练员发展现状的重要原因。

　　从西部各个省域常住人口、等级运动员和等级教练员人数在全国的排名看，总体而言，常住人口的排名高于等级运动员和（或）等级教练员的排名（见表8 – 3）。这反映出西部地区的体育事业仍需要借助新的手段和科学手段不断发展。

　　基于数据的可获得性，本节主要分析了等级运动员和等级教练员的发展及其分布。体育事业的发展，依托于全民健康水平的提高。为了推动全民健康和体育事业发展，2019 年国家推出了《健康中国行动（2019～2030 年）》方案，从健康知识普及、合理膳食、全面健身、控烟、心理健康、职业健康等 15 个方面进行了全面部署，这对于提升全民的健康水平、促进中国和西部地区体育事业的发展，具有重要的意义。

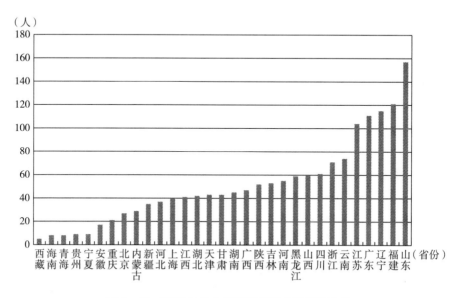

图 8 – 11　2015 年各个省域等级教练员发展人数

资料来源：国家统计局。

表 8 – 3　2015 年西部各个省域常住人口、等级运动员和等级教练员在全国排名比较

省份	常住人口全国排序	等级运动员全国排序	等级教练员全国排序
四川	4	9	8
广西	11	24	14
云南	12	20	6
陕西	17	25	13
贵州	19	27	28
重庆	20	16	25
内蒙古	23	18	23
新疆	25	21	22
宁夏	29	30	27
青海	30	29	29
西藏	31	31	31

资料来源：国家统计局。

第九章　区域差异与空间结构

党的十九大报告指出，中国社会主要矛盾已经转化为人民日益增长的美好生活需要和不平衡不充分的发展之间的矛盾。研究区域差距和城乡差距，促进区域和城乡协调平衡发展，是解决我国社会主要矛盾的重要途径。本章分析了西部地区区域差异的演化，并从都市圈角度出发指出了缩小区域差距的重点路径。

第一节　区域差异的演化

一、区域差异的理论研究

从信念和哲学的角度分析，区域经济发展差异的相关理论可以分为平衡发展理论和非平衡发展理论两种类型，平衡发展理论认为区域发展的最终结果是地区均衡，而非平衡发展理论认为区域发展的最终结果是地区非均衡。

区域发展的结果是地区均衡的理论，主要有：

（1）新古典区域平衡发展理论。该理论基于新古典经济学的基本假设，认为在市场经济条件下，资本、劳动、技术的自由流动，会缩小区域差距，实现区域均衡。

（2）梯度开发理论。经济发展首先在高梯度地区进行，随着高梯度地区劳动力成本、土地成本等的不断提高，随着人们对绿色开阔环境的需求越来越高，随着信息通信手段的越来越发达，产业活动开始借助多层级城市体系向低梯度地区转移，最终实现区域均衡发展。

区域发展的结果是地区非均衡的理论，主要有：

（1）循环累积理论。循环累积理论认为，经济发展的过程是一个向上或向下累积的运动过程。当经济活动呈现"马太效应"，向发达地区不断循环累积时，区域经济差距不断扩大。

（2）新经济地理理论。绝大多数新经济地理模型以 Krugman（1991）为基础，认为随着交易成本的不断下降，经济活动的过程是一个不断聚集的过程。这个过程，区域差距不断扩大。因此，有学者认为，地区非均衡不是最重要的目标，人的均衡才是最终目标。只要能够实现人的收入均衡，区域非均衡是有效率的。

然而，从中央政府的角度出发，尽管在一段时间内为了促进国家整体的经济发展速度，会牺牲地区的平衡发展。但是，区域发展的差距不是越大越好，效率也不可能一直是政府的首要目标。地区的均衡发展，是地区正义的一种表现。促进地区均衡发展，是形成国内战略纵深和国内经济大循环、防范化解各种黑天鹅和灰犀牛事件等的重要抓手。因此，促进地区均衡发展是各国政府的一项重要任务，区域均衡发展也是发达国家的基本特征。

二、西部 GDP 份额的演变

1952 年以来中国西部 GDP 占全国份额的变化，可以发现：2003 年之前，西部地区 GDP 占全国的份额总体上不断下降。最高点出现在 1956 年，份额为22.79%，最低点为 2003 年，份额为 16.81%。2003 年之后，随着西部大开发的深入实施和产业向西部的转移，西部地区的 GDP 快速增长。到 2016 年西部地区的 GDP 份额达到全国的 20.28%，相当于 1990 年和 1991 年的水平。如图 9 - 1所示。

三、西部人均 GDP 的变化

1952 年以来，中国西部人均 GDP 与全国均值比重的变化，可以发现：2003年、2004 年之前，相比全国的人均 GDP，西部人均 GDP 不断下降。最大值出现在 1955 年，西部人均 GDP 是全国均值的 0.85 倍，到 2003 年、2004 年下降到最低值，为全国均值的 0.60 倍。2004 年之后，随着西部大开发战略的深入推进、中国东部产业向西部的大幅转移，西部人均 GDP 快速增长，2015 年达到全国均

值的 0.74 倍，这相当于 1952 年和 1978 年的水平。同时，2015 年的水平也与中
部地区的水平相当。如图 9 - 2 所示。

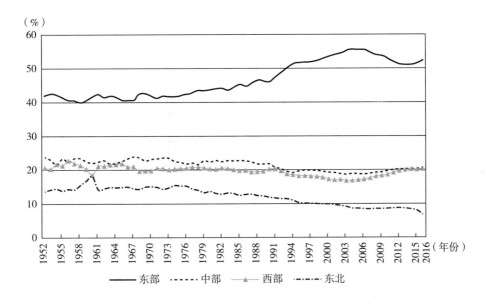

图 9 - 1　1952～2016 年四大板块 GDP 占全国份额的演变

资料来源：中国经济与社会发展统计数据库，国家统计局网站。

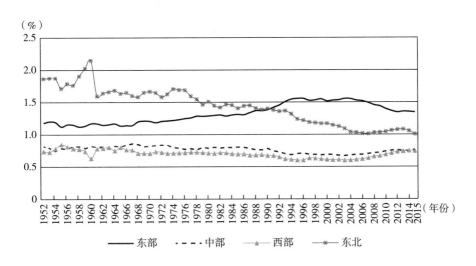

图 9 - 2　1952～2015 年四大板块人均 GDP 占全国均值比重的演变

资料来源：中国经济与社会发展统计数据库，国家统计局网站。

四、代表性年份省域间人均 GDP 分布

1952～2016 年涉及 65 个年份，本书选择 1952 年、1978 年、1999 年、2016 年四个年份进行特征分析。

1952 年全国人均 GDP 最高的是上海市，人均 GDP 为 436 元，最低的是贵州省，人均 GDP 是 58 元。人均 GDP 最高的上海市是最低的贵州省的 7.52 倍。对于西部地区，人均 GDP 最高的是内蒙古自治区，达 173 元，是贵州省的 2.98 倍。如图 9－3 所示。

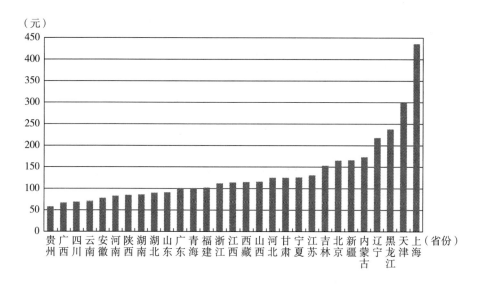

图 9－3 1952 年中国省域间人均 GDP 分布

资料来源：中国经济与社会发展统计数据库。

1978 年全国人均 GDP 最高的是上海市，人均 GDP 为 2498 元；最低的是贵州省，人均 GDP 是 175 元。人均 GDP 最高的上海市是最低的贵州省的 14.27 倍。对于西部地区，人均 GDP 最高的是青海省，达 428 元，是贵州省的 2.45 倍。如图 9－4 所示。

1999 年全国人均 GDP 最高的是上海市，人均 GDP 为 27071 元；最低的是贵州省，人均 GDP 是 2545 元。人均 GDP 最高的上海市是最低的贵州省的 10.64 倍。对于西部地区，人均 GDP 最高的是新疆维吾尔自治区，达 6653 元，是贵州

省的 2.61 倍。如图 9 – 5 所示。

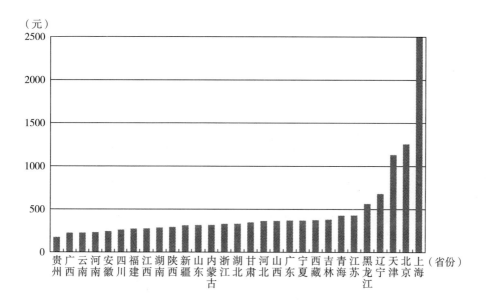

图 9 – 4　1978 年中国省域间人均 GDP 分布

资料来源：中国经济与社会发展统计数据库。

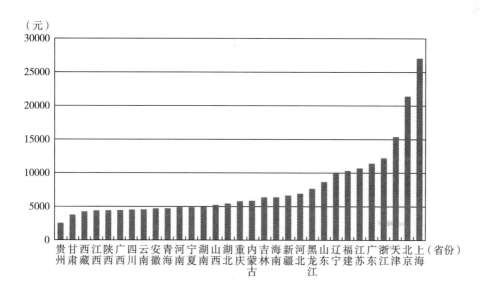

图 9 – 5　1999 年中国省域间人均 GDP 分布

资料来源：中国经济与社会发展统计数据库。

2016 年全国人均 GDP 最高的是北京市，人均 GDP 为 118198 元；最低的是甘肃省，人均 GDP 是 27643 元。人均 GDP 最高的北京市是最低的甘肃省的 4.28 倍。对于西部地区，人均 GDP 最高的是内蒙古自治区，达 72064 元，是甘肃省的 2.61 倍。如图 9 - 6 所示。

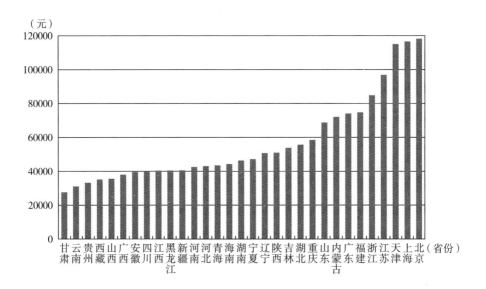

图 9 - 6 2016 年中国省域间人均 GDP 分布

资料来源：国家统计局网站。

五、省域间人均 GDP 差额

1. 人均 GDP 最高的省域与最低省域的演替特点

（1）全国人均 GDP 最高的省域。1952 ~ 2010 年，人均 GDP 最高的省域是上海市，近年来天津市和北京市相继成为人均 GDP 最高的省域。

（2）西部人均 GDP 最高的省域。1952 ~ 1985 年人均 GDP 最高的省域在内蒙古自治区、新疆维吾尔自治区、青海省、西藏自治区之间交替出现；1986 ~ 2002 年，新疆维吾尔自治区是西部人均 GDP 最高的省域；2003 年之后，内蒙古自治区成为西部人均 GDP 最高的省域。

（3）人均 GDP 最低的省域。19 世纪 50 年代人均 GDP 最低的基本上都是四

川省。19 世纪 60 年代，人均 GDP 最低的省域基本上都是河南省，1968～2014
年，人均 GDP 最低的省域都是贵州省，近年来人均 GDP 最低的省份是甘肃省。
如表 9-1 所示。

表 9-1　1952～2016 年中国各省域人均 GDP 最大值最小值名单

年份	全国最大	西部最大	全国最小	年份	全国最大	西部最大	全国最小
1952	上海	内蒙古	贵州	1978	上海	青海	贵州
1953	上海	内蒙古	四川	1979	上海	青海	贵州
1954	上海	内蒙古	四川	1980	上海	西藏	贵州
1955	上海	新疆	四川	1981	上海	西藏	贵州
1956	上海	内蒙古	四川	1982	上海	西藏	贵州
1957	上海	新疆	贵州	1983	上海	新疆	贵州
1958	上海	新疆	广西	1984	上海	西藏	贵州
1959	上海	内蒙古	四川	1985	上海	西藏	贵州
1960	上海	新疆	四川	1986	上海	新疆	贵州
1961	上海	新疆	河南	1987	上海	新疆	贵州
1962	上海	新疆	河南	1988	上海	新疆	贵州
1963	上海	新疆	河南	1989	上海	新疆	贵州
1964	上海	新疆	河南	1990	上海	新疆	贵州
1965	上海	新疆	河南	1991	上海	新疆	贵州
1966	上海	新疆	广西	1992	上海	新疆	贵州
1967	上海	青海	广西	1993	上海	新疆	贵州
1968	上海	青海	贵州	1994	上海	新疆	贵州
1969	上海	青海	贵州	1995	上海	新疆	贵州
1970	上海	青海	贵州	1996	上海	新疆	贵州
1971	上海	青海	贵州	1997	上海	新疆	贵州
1972	上海	青海	贵州	1998	上海	新疆	贵州
1973	上海	青海	贵州	1999	上海	新疆	贵州
1974	上海	宁夏	贵州	2000	上海	新疆	贵州
1975	上海	宁夏	贵州	2001	上海	新疆	贵州
1976	上海	青海	贵州	2002	上海	新疆	贵州
1977	上海	青海	贵州	2003	上海	内蒙古	贵州

续表

年份	全国最大	西部最大	全国最小	年份	全国最大	西部最大	全国最小
2004	上海	内蒙古	贵州	2011	天津	内蒙古	贵州
2005	上海	内蒙古	贵州	2012	天津	内蒙古	贵州
2006	上海	内蒙古	贵州	2013	天津	内蒙古	贵州
2007	上海	内蒙古	贵州	2014	天津	内蒙古	贵州
2008	上海	内蒙古	贵州	2015	天津	内蒙古	甘肃
2009	上海	内蒙古	贵州	2016	北京	内蒙古	甘肃
2010	上海	内蒙古	贵州				

资料来源：国家统计局网站。

2. 人均 GDP 绝对差距扩大，相对差距缩小

从全国尺度上，人均 GDP 最高省域与最低省域之差在逐步扩大，2016 年扩大到 90555 元。人均 GDP 最高省域与最低省域之比近年来逐步下降，由 1996 年的 11.08 倍下降到 2014 年的 3.99 倍，2015 年和 2016 年又有一定程度的上浮，2016 年为 4.28 倍。如图 9－7 所示。

图 9－7　1952～2016 年中国省域间人均 GDP 绝对差距和相对差距演变

资料来源：中国经济与社会发展统计数据库，国家统计局网站。

第二节　空间结构及特征

一、西部地区的省域中心城市分异

中心城市是空间结构的重要体现，中心城市的规模在很大程度上决定了其在辐射区域的聚集能力和扩散能力。西部地区 12 个省域行政区，省会城市是其省域的中心城市。依次从市辖区 GDP、市辖区人口、市辖区建设面积三个指标分析省域中心城市的特征。

1. 市辖区 GDP

从 2016 年西部地区 12 个城市市辖区的 GDP 看，最高的是重庆市，达到 15724.46 亿元；第二位的是成都市，达到 9685.58 亿元；第三位的是西安市，达到 5527.66 亿元；最低的是拉萨市，为 245.47 亿元。市辖区 GDP 最高的重庆市是最低的拉萨市的 64.06 倍。

2. 市辖区人口

从 2016 年西部地区 12 个城市市辖区的人口看，最高的是重庆市，达到 2440 万人；第二位的是成都市，达到 736 万人；第三位的是西安市，达到 609 万人；最低的是拉萨市，为 26 万人。市辖区人口最高的重庆市是最低的拉萨市的 93.85 倍。

3. 市辖区建设面积

从 2016 年西部地区 12 个城市市辖区的建设用地面积看，最高的是重庆市，达到 1180 平方千米；第二位的是成都市，达到 771 平方千米；第三位的是西安市，达到 513 平方千米；最低的是拉萨市，为 72 平方千米。市辖区建设面积最高的重庆市是最低的拉萨市的 16.39 倍。

概括起来，西部地区 12 个省域的中心城市的特征具有巨大的差异（见图 9 - 8）。无论是 GDP、人口还是建设面积，重庆、成都和西安都位列前三位，表现出较为显著的规模优势。不过，西部地区 12 个省域中心城市的市辖区人均 GDP 差异较小（见图 9 - 9）。人均 GDP 最高的城市是呼和浩特市，达到 109106 元；其次是拉萨市，达到 94412 元；最低值为重庆市的 65586 元。因此，西部的中心城市仍然具有较大的成长空间。

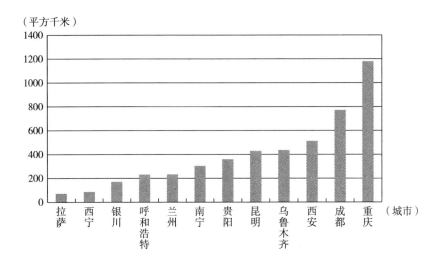

图 9-8 2016 年西部地区省域中心城市的特征

资料来源：《中国城市统计年鉴》（2017）。

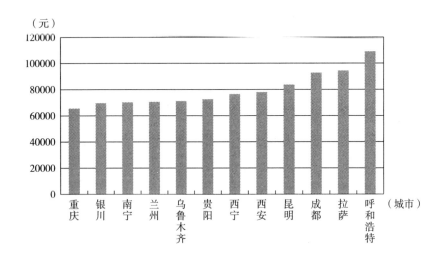

图 9-9 2016 年西部地区省域中心城市的人均 GDP

资料来源：《中国城市统计年鉴》（2017）。

二、西部地区的城镇体系特征

城镇体系能够反映空间结构的全面特征。基于数据的可获得性，选择2016年西部地区89个城市数据，进行城镇体系的分析。这89个城市，既包括直辖区（重庆市），也包括省会城市和地级市中心城市。

通过市辖区GDP、市辖区人口和市辖区建设面积三个指标，可以发现西部地区的城镇体系的规模分布呈现指数分布（见图9-10）。三个指标测度的首位城市都是重庆市，第二位的城市为成都市。

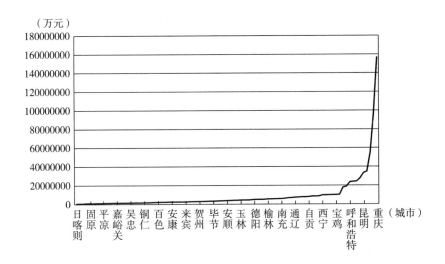

图9-10　2016年西部地区的城镇规模分布

资料来源：《中国城市统计年鉴》（2017）。

1. 西部地区城镇体系的首位度

首位度是第一大城市与第二大城市的人口之比。2016年西部地区城镇体系的首位度为3.32。同样地，按照市辖区GDP和市辖区建设面积指标分别计算首位城市与第二位的城市的规模之比，得到1.62和1.53。

2. 西部地区城镇体系的4城市指数

4城市指数是第一大城市与第二大城市、第三大城市、第四大城市人口之和的比例。2016年西部地区城镇体系的4城市指数为1.45。同样地，按照市辖区

GDP 和市辖区建设面积指标分别计算，得到 0.84 和 0.69。

3. 西部地区城镇体系的 11 城市指数

11 城市指数是第一大城市与第二大至第十一大城市人口之和的比例。2016 年西部地区城镇体系的 11 城市指数为 0.74。同样地，按照市辖区 GDP 和市辖区建设面积指标分别计算，得到 0.44 和 0.32。

4. 西部地区代表性省域的城镇体系特征

由于各个省域的地级市个数和数据可获得性存在差异，选择内蒙古、广西、四川、贵州、云南、陕西、甘肃、宁夏 8 个省域，考察各个省域的城市规模分布。从各个省域的城镇人口规模分布看，也呈现指数分布特征（见图 9 – 11）。

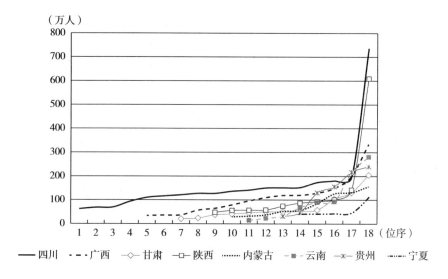

图 9 – 11   2016 年西部地区各个省域的城镇人口规模分布

资料来源：《中国城市统计年鉴》（2017）。

使用城市人口指标，分别计算代表性省域城镇体系的首位度（见表 9 – 2）。陕西城镇体系的首位度为 4.29，四川的首位度为 3.77，这两个省域城镇体系的首位度高于西部地区的城镇体系首位度；宁夏的首位度为 2.41，广西的首位度为 1.67，甘肃的首位度为 1.56，云南的首位度为 1.29，内蒙古的首位度为 1.19，贵州的首位度为 1.11。城镇体系的首位度一般要大于 3，西部地区六个省域城镇体系的首位度小于 3，反映出这些省域首位城市的带动力和辐射力较小，可能出现"小马拉大车"的现象。在未来的城镇发展中，这些省域需要通过户籍制度改革，加强基础设施条件改善，改善营商环境，增强首位城市的规模，进而增强城市的带动力和辐射力。

表 9 - 2　西部地区代表性省域城镇体系的首位度和 4 城市指数比较

	陕西	四川	宁夏	广西	甘肃	云南	内蒙古	贵州
首位度	4. 29	3. 77	2. 41	1. 67	1. 56	1. 29	1. 19	1. 11
4 城市指数	1. 81	1. 34	0. 87	0. 70	0. 70	0. 70	0. 46	0. 48

资料来源:《中国城市统计年鉴》(2017)。

从 4 城市指数看，陕西城镇体系的 4 城市指数为 1.81，高于西部地区的城镇体系 4 城市指数；四川的 4 城市指数为 1.34，宁夏的 4 城市指数为 0.87，广西的 4 城市指数为 0.70，甘肃的 4 城市指数为 0.70，云南的 4 城市指数为 0.70，内蒙古的 4 城市指数 0.46，贵州的 4 城市指数为 0.48，这 7 个省域城镇体系的 4 城市指数较小，需要增强首位城市的规模，进而增强城市的带动力和辐射力。

基于数据的可获得性，许多省域没有 11 个城市的数据，所以没有计算 11 城市指数。

第三节　都市圈建设

通过第七章交通设施的分析和前文关于城镇体系空间结构的分析，结合对西部地区的大量调研，我们发现西部地区发展都市圈是提高规模效益、方便居民出行、提高人才吸引力的唯一出路。同时，都市圈建设也是西部地区缩小区域差距、实现长期可持续发展最为关键的途径。

从理论机制上阐释，西部地区发展都市圈的支撑原理是规模经济。西部地区地域广阔，人口、经济等要素十分分散，没有规模经济。教育、医疗、交通等高等级生产和服务要素，都需要一定的门槛人口；当城市人口小于门槛人口时，高等级生产和服务要素就不会在此聚集。因此，为了促进西部地区的发展，尤其是提高西部地区的教育、医疗、交通等条件，必须大力发展都市圈，从而聚集各类资源，发挥规模经济。

根据全国主体功能区规划，西部地区重点发展以下都市圈。

（1）呼包鄂榆地区。该区域位于全国"两横三纵"城市化战略格局中包昆通道纵轴的北端，包括内蒙古自治区呼和浩特、包头、鄂尔多斯和陕西省榆林的部分地区。

（2）北部湾地区。该区域位于全国"两横三纵"城市化战略格局中沿海通道纵轴的南端，包括广西壮族自治区北部湾经济区以及广东省西南部和海南省西北部等环北部湾的部分地区。

（3）成渝地区。该区域位于全国"两横三纵"城市化战略格局中沿长江通道横轴和包昆通道纵轴的交会处，包括重庆经济区和成都经济区。

（4）黔中地区。该区域位于全国"两横三纵"城市化战略格局中包昆通道纵轴的南部，包括贵州省中部以贵阳为中心的部分地区。

（5）滇中地区。该区域位于全国"两横三纵"城市化战略格局中包昆通道纵轴的南端，包括云南省中部以昆明为中心的部分地区。

（6）藏中南地区。该区域包括西藏自治区中南部以拉萨为中心的部分地区。

（7）关中—天水地区。该区域位于全国"两横三纵"城市化战略格局中陆桥通道横轴和包昆通道纵轴的交会处，包括陕西省中部以西安为中心的部分地区和甘肃省天水的部分地区。

（8）兰州—西宁地区。该区域位于全国"两横三纵"城市化战略格局中陆桥通道横轴上，包括甘肃省以兰州为中心的部分地区和青海省以西宁为中心的部分地区。

（9）宁夏沿黄经济地区。该区域位于全国"两横三纵"城市化战略格局中包昆通道纵轴的北部，包括宁夏回族自治区以银川为中心的黄河沿岸部分地区。

（10）天山北坡地区。该区域位于全国"两横三纵"城市化战略格局中陆桥通道横轴的西端，包括新疆天山以北、准噶尔盆地南缘的带状区域以及伊犁河谷的部分地区（含新疆生产建设兵团部分师市和团场）。

第十章　城乡差距与乡村振兴

本章分析了西部地区城乡差距的演变。缩小城乡差距对于扩大内需、实现全面小康意义重大。结合乡村振兴战略，本章提出农业适度规模和绿色品牌发展是实现乡村振兴战略的重点抓手。

第一节　城乡差距的演变

一、西部地区城乡收入演变特征

根据西部各个省域城镇居民家庭人均收入与农村居民家庭人均收入的比值，计算各个省域城乡收入差距。根据散点图，可以看出 20 世纪 80 年代到 90 年代中期，城乡收入差距呈现波动特征；自 20 世纪 90 年代后期到 2013 年，城乡收入差距呈现先上升后下降的特征。如图 10 - 1 所示。

二、西部地区各个省域城乡差距的时间演化

根据各个省域城乡差距的历年变化，描绘城乡差距的演化轨迹，找出城乡差距趋于缩小的拐点时期。

西藏自治区、新疆维吾尔自治区和云南省分别于 2000 年、2002 年、2004 年达到拐点，重庆市和甘肃省分别于 2006 年和 2007 年达到拐点，贵州省和青海省都在 2007 ~ 2009 年间达到拐点，广西壮族自治区、四川省、陕西省都在 2009 年达到拐点，内蒙古自治区和宁夏回族自治区于 2010 年达到拐点（见表 10 - 1）。

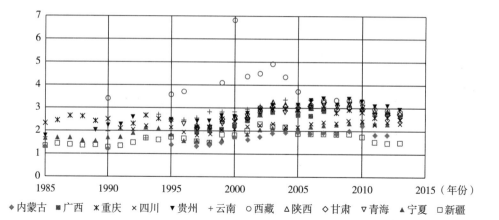

图 10 – 1 1985 ~ 2015 年中国西部省域的城乡差距演变

资料来源：中国经济与社会发展统计数据库。

表 10 – 1 1985 ~ 2013 年西部地区各个省域城乡差距出现拐点的时期

省份	年份	省份	年份	省份	年份	省份	年份
内蒙古	2010	广西	2009	重庆	2006	四川	2009
贵州	2007 ~ 2009	云南	2004	西藏	2000	陕西	2009
甘肃	2007	青海	2007 ~ 2009	宁夏	2010	新疆	2002

资料来源：中国经济与社会发展统计数据库。

总体来说，20 世纪 90 年代后期以来，城乡收入差距的演化随着经济发展水平的提高呈现先上升后下降的演化特征，但不同省域因受到政府和市场两个作用力的不同而具有差异性。政府的新农村建设、工业"反哺"农业、城市支持农村、乡村振兴等战略的实施都在一定程度上起到了促进农村发展、缩小城乡差距的作用；而市场的聚集效应和扩散效应则影响着城乡收入差距的扩大与缩小。

三、西部地区各个省域城乡差距的空间变异

通过不同省域城乡差距的历年比较，我们发现：

第一，西部地区最大城乡差距的省域也是全国层面上城乡差距最大的省域。

第二，西藏的城乡差距很大，2005 ~ 2008 年之前的很长一段时间内西藏的

城乡差距是全国省域城乡差距之首。

第三，2008 年之后，贵州替代西藏，成为全国城乡差距最大的省域。

第四，从时间维度看，1985 ~ 2013 年最大城乡差距数值呈现先升高后降低的趋势，2003 年左右是城乡差距开始缩小的重要转折点。这是国家实施区域协调发展战略与市场推动产业向西部转移共同作用的结果。

第五，从空间维度看，在 1998 ~ 2012 年数据完整的年份①，城乡差距最大的 7 ~ 8 个省域都隶属于西部省域（见表 10 - 2）。这反映了一个重要的经济事实：经济发展水平较低的省域，城乡差距更大。

表 10 - 2　1985 ~ 2013 年城乡差距最大的省域及其数值

年份	西部范围		全国范围	
	省份	数值	省份	数值
1985	重庆	2.33	重庆	2.33
1986	重庆	2.45	重庆	2.45
1987	重庆	2.65	重庆	2.65
1988	重庆	2.63	重庆	2.63
1989	重庆	2.42	重庆	2.42
1990	西藏	3.40	西藏	3.40
1991	贵州	2.31	贵州	2.31
1992	贵州	2.61	贵州	2.61
1993	重庆	2.67	重庆	2.67
1994	云南	2.71	云南	2.71
1995	西藏	3.57	西藏	3.57
1996	西藏	3.70	西藏	3.70
1997	云南	2.56	云南	2.56
1998	云南	2.83	云南	2.83
1999	西藏	4.09	西藏	4.09
2000	西藏	6.82	西藏	6.82
2001	西藏	4.37	西藏	4.37
2002	西藏	4.50	西藏	4.50

① 西藏数据不连续，因而选择数据完整的 1998 ~ 2012 年进行分析。

续表

年份	西部范围		全国范围	
	省份	数值	省份	数值
2003	西藏	4.91	西藏	4.91
2004	西藏	4.35	西藏	4.35
2005	西藏	3.72	西藏	3.72
2006	贵州	3.37	贵州	3.37
2007	贵州	3.44	贵州	3.44
2008	西藏	3.34	西藏	3.34
2009	贵州	3.41	贵州	3.41
2010	贵州	3.32	贵州	3.32
2011	贵州	3.11	贵州	3.11
2012	贵州	3.11	贵州	3.11
2013	贵州	2.96	贵州	2.96

资料来源：中国经济与社会发展统计数据库。

第二节　乡村振兴战略的提出

党的十九大报告指出，实施乡村振兴战略。坚持农业农村优先发展，按照产业兴旺、生态宜居、乡风文明、治理有效、生活富裕的总要求，建立健全城乡融合发展体制机制和政策体系，加快推进农业农村现代化。巩固和完善农村基本经营制度，深化农村土地制度改革，完善承包地"三权"分置制度。构建现代农业产业体系、生产体系、经营体系，完善农业支持保护制度，发展多种形式适度规模经营，培育新型农业经营主体，健全农业社会化服务体系，实现小农户和现代农业发展有机衔接。促进农村第一、二、三产业融合发展，支持和鼓励农民就业创业，拓宽增收渠道。加强农村基层基础工作，健全自治、法治、德治相结合的乡村治理体系。培养造就一支懂农业、爱农村、爱农民的"三农"工作队伍。

一、乡村振兴战略的提出背景

党的十九大报告提出的乡村振兴战略，是在农业产业和乡村经济发展1.0版、社会主义新农村的2.0版基础上，集生产加工销售、创业创新、公共服务和生态保护于一体的经济社会综合体的3.0版（陶怀颖，2018）。

乡村振兴战略是基于我国的基本国情提出的。经过改革开放以来的发展，一方面，中国城镇化快速发展，城镇化率由1978年的17.9%提高到2017年的58.5%，出现了大城市的"膨胀病"，土地成本大幅上涨，交通拥堵严重，严重影响人民的工作生活质量；另一方面，农村人口大量流出，农村出现"空心化"和老龄化，农村"凋敝症"出现。乡村凋敝集中体现为"五化"难题及其深层问题。①土地、人口等生产要素高度非农化。耕地大量流失，大量农民工进城务工，乡村人口分离、人口城乡双漂。②农村社会主体过快老弱化。2015年我国60岁及以上人口占总人口的16.2%，预计2020年老龄化率达到17.2%。③村庄用地严重空废化。村庄人口外出率、宅基地空废率大于40%、30%，乡村"空心化"加剧，产生大量"空心村"。④农村水土环境严重污损化。一些地方暴发"癌症村"，农村面源污染严重。⑤乡村地区深度贫困化。农村贫困面广、量大、程度深，是乡村可持续发展的最大"短板"（刘彦随，2018）。

实施乡村振兴战略，目的是尽快补齐农业农村发展短板，破解农民持续增收难题，力求以乡村全面发展解决不平衡不充分发展问题（万俊毅等，2018）。根本原因在于城市需要多功能农业的产品供给，需要广大乡村绿色空间的生态支撑，需要有从事农业、守护生态的职业工作者，也需要城市为留住乡愁、留住绿水青山而向绿色空间的守护人提供更多、更好的服务（张强等，2018）。

二、西部地区的乡村

2016年西部地区第一产业占GDP的比重为11.83%，高于东部和中部地区；西部地区的耕地面积占到全国的36.84%，列四大板块首位；西部地区的农业人口占全国比重为34.87%，列四大板块首位；乡村人口占全国的比重为28.33%。如图10-2所示。因此，西部地区是我国乡村振兴的重点区域。

从2016年第一产业占GDP的比重看（见图10-3），西部地区12个省域中除了重庆和宁夏的比重低于全国平均水平（8.09%）之外，其余10个省域该指标均高于全国平均水平。具体而言，新疆的比重最高，为 17.09%，远远高于全国的平均水平 2 倍；最低的为重庆，达到 7.35%。

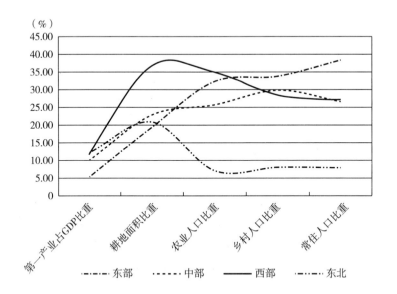

图 10 – 2　2016 年中国四大区域乡村发展相关指标情况

资料来源：中国经济与社会发展统计数据库。

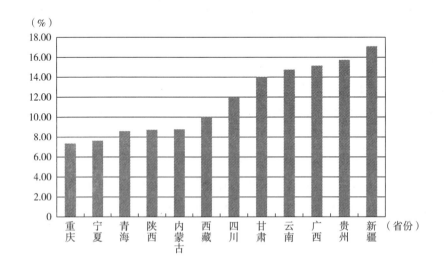

图 10 – 3　2016 年中国西部各省域第一产业占 GDP 比重比较

资料来源：中国经济与社会发展统计数据库。

从 2016 年乡村人口的分布看，四川的乡村人口数量最多，达到了 4196 万人；其次为云南，达到 2622.3 万人；最少的是西藏，仅为 232.83 万人。如图 10 - 4 所示。

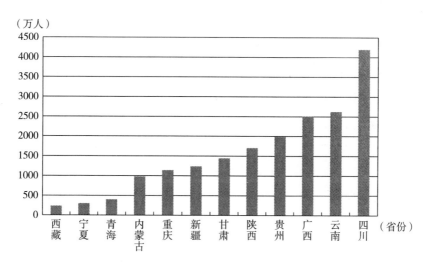

图 10 - 4　2016 年中国西部各省域乡村人口数量

资料来源：中国经济与社会发展统计数据库。

总体而言，西部地区的第一产业占比高，乡村人口多，耕地面积占比高，是乡村振兴的重点和难点所在。西部地区的乡村振兴，有利于提升西部地区的发展水平，促进区域经济协调发展，扩大国内市场需求。

三、西部地区实施乡村振兴战略的思路

（1）坚持农业为基，深入推动农业发展。农业是国民经济发展的根基，也是乡村振兴的根基。推动农业发展，就是要坚持农业供给侧结构性改革的主线，按照推进绿色发展的方向，坚持质量兴农的路径，促进融合发展的理念，构建现代农业产业体系的目标，不断提高农业创新力、竞争力和全要素生产率，将农业培育成为有奔头的产业。具体而言，①生产方式。通过产业体系、生产体系和经营体系创新，提高土地产出率、资源利用率、劳动生产率，走产出高效、产品安全、资源节约、环境友好的现代农业发展道路。②产业结构。促进粮经饲统筹，种养加一体，农林牧渔结合，第一、二、三产业融合，发展新产业新业态，

推动农业产业全面转型升级。③区域结构。推动农业生产向粮食生产功能区、重要农产品生产保护区、特色农产品优势区聚集，推动先进要素向产业园聚集。

（2）坚持以人为本，多渠道增加农民收入。坚持农民主体地位，富裕农民、扶持农民，提升农民获得感和幸福感，让农民成为有吸引力的职业，是乡村振兴的最终目的。富裕农民必须同时关注小农户和新型农业经营主体两个群体，既要通过农业生产发展增收，更要靠利益分享致富。具体而言，①培养一大批新型职业农民、农村实用人才带头人，培育发展一批规模经营、有较强引领能力的新型经营主体，鼓励农民创业创新，发展现代农业；②大力发展农业社会化服务，带动广大小农户同步实现农业现代化；③建立完善农民与农民合作社、农业产业化龙头企业之间的利益联结与分享机制，带动农民共同富裕；④通过农村承包土地确权登记颁证和农村集体资产清产核资，深化农村产权制度改革，让农民增加财产性收入。

（3）坚持生态宜居，改善农村面貌。实现生态良好、乡风文明、治理有效、精神向上的宜居乡村是乡村振兴的重要任务。①调整财政支出方向，把公共基础设施建设的重点放在农村，推动农村基础设施建设提档升级，让农民公平地享受各项社会保障服务；②持续推进农村人居环境治理，加强农村突出环境问题综合治理，保护农村绿水青山；③弘扬农耕文明和优良传统文化；④深化农村土地制度改革、集体产权制度改革，积极开展农民土地入股、集体资产股权量化，以及"两权"抵押和农村集体经营性土地直接入市等创新试点，盘活农村资产资源，释放改革红利，建立完善乡村治理结构，让农村成为安居乐业的美丽家园（陶怀颖，2018）。

（4）坚持分类施策，建设居业共同体。居业协同、空间集聚是乡村振兴必需的内生动力。各个乡村差异很大，必须遵循差异化的原则，分类施策。具体而言，①有条件的村域，按照第一、二、三产业融合理念，培育主导产业，做实村镇集聚，建设宜居宜业社区；②对条件一般、规模较大的村庄，以完善基础设施和公共服务设施为前提，以整合土地资源、发展特色产业、改善居住条件为重点，培育村域中心地；③对条件较差、较小的村庄包括空心村，应坚持中心集聚、集约发展的原则，探索推进迁村并居、居业同兴建设模式，发展壮大新型社区和小城镇（刘彦随，2018）。通过实施差别化的空间聚集方案，达到各乡村都实现居业协同的目标。

第三节　农业发展与乡村振兴

　　党的十九大报告指出，农业、农村、农民问题是关系国计民生的根本性问题，必须大力实施乡村振兴战略，并提出了"产业兴旺、生态宜居、乡村文明、治理有效、生活富裕"的总目标。"产业兴旺"放在首位，凸显现代农业发展是解决乡村问题的关键。本节讨论西部地区农业发展的思路与出路，从而为乡村振兴战略提供支撑。需要说明的是，本节的农业是大农业，包括农林牧渔业。

　　改革开放以来，西部地区的农业快速发展，农村牧渔业总产值从1978年的366.05亿元增长到2016年的31435.57亿元，名义增长85.88倍，均高于同时期全国74.41倍、东部71.69倍、中部67.27倍、东北75.26倍的增长幅度。其中，粮食产量从1978年的8224.40万吨增长到2016年的15560.64万吨，粮食数量实现了相对充足。但是，在户均耕地规模较小、生产资料价格与劳动力成本大幅上涨等因素的综合推动下，西部地区农业的生产成本很高。与此同时，在农药化肥大量使用、土壤和水源污染等因素作用下，农业污染物残留、生物毒素、重金属等含量较高，农产品供给质量不高，农业经营形势十分严峻。

　　如何破解当前农业的发展困境，推动乡村振兴？面对农业经济效益不断走低的现实，发展现代农业必须一方面通过农业适度规模经营，提高经营效率，降低经营成本；另一方面，通过发展绿色品牌农业，提高农业供给质量，提升优质农产品价格。

一、严峻的农业经营形势及其影响

（一）西部农业经营形势严峻

　　近年来，农业经济效益不断下滑。与2011年相比，2016年西部地区农业的亩产值出现下降态势。以玉米为例，除了贵州和云南省之外，内蒙古、广西、重庆、四川、陕西、甘肃、宁夏、新疆都出现下降的特点（见图10-5）。对于小麦，2016年四川和甘肃的每亩产值也比2011年低（见图10-6）。对于增长的省域，名义增长幅度较小。与此同时，各种成本却在不断上升，农业的经营利润呈现下降趋势。根据我们的调查，不计农民自身劳动成本的情况下，每亩土地粮食作物的收益在 200 ~ 500 元不等。如果扣除各类生产成本（物质与服务费用、人工成本）和土地成本（流转地租金、自营地折租），多种农作物利润为负值，农业经营形势十分严峻。

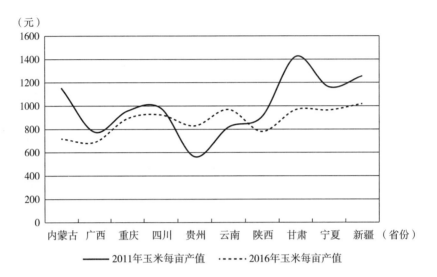

图 10-5　2011 年和 2016 年西部地区代表性省域玉米每亩产值

资料来源：中国经济与社会发展统计数据库。

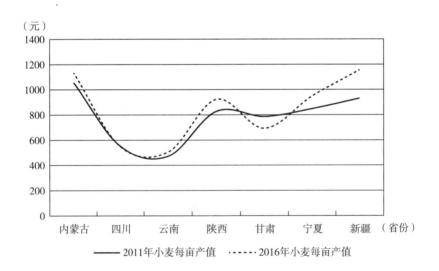

图 10-6　2011 年和 2016 年西部地区代表性省域小麦每亩产值

资料来源：中国经济与社会发展统计数据库。

与全国一样，西部地区农业经济效益很低、经营形势严峻的原因主要有两个：第一，农业经营规模太小、生产成本很高。农业经济效益取决于土地产出率和劳均耕地面积，我国的土地产出率已经接近高收入国家，农业经济效益从根本上取决于农户经营规模（夏益国、宫春生，2015；万俊毅等，2018）。由于在土地流转等方面还存在诸多体制机制的障碍，农业资本规模较小，种粮能手相对较少，西部地区农业经营规模小与农地碎片化导致农业生产成本很高、劳动生产率十分低下（何传启，2012）。同时，农业生产资料价格大幅上涨、用工成本不断攀升也在助长农业生产成本的提高。随着"刘易斯拐点"的到来，用工成本成为农业生产成本的最重要组成部分（朱信凯和夏薇，2015）。

第二，农药化肥大量使用，使土壤板结，水源污染，农业污染物残留、生物毒素、重金属等含量较高，绿色农产品供给不足，价格较低。西部地区农业的化肥施用量由 1978 年的 466.07 万吨提高到 2016 年的 1874.1 万吨，提高了4.02 倍。化肥的大量使用，不仅使农业面源污染成为中国最大的污染源之一，而且使土地板结毒化，中低等土地较多。党的十九大报告指出中国经济进入新时代，中国社会的主要矛盾已经转化为人民日益增长的美好生活需要和不平衡不充分的发展之间的矛盾。面对人民群众对绿色产品的巨大需求，农药和化肥过度使用使农产品质量不过关，无法满足人民群众的绿色产品需求。

（二）农业经济效益低下的影响

1. 乡村"空心化"、老龄化，土地面临撂荒风险

农民工务工工资每日 100～500 元不等，农业经济收益远远低于务工收入。农业经营的巨大机会成本使农村大量年轻劳动力外出务工，2016 年中国农民工总量达 2.82 亿人，其中西部地区是主要的供给区域，这种"虹吸效应"导致大量乡村"空心化"、老龄化。

乡村劳动力的外流也使乡村土地面临着较大的撂荒风险。根据全国 142 个山区县中 235 个行政村的耕地撂荒抽样调查发现，2015 年 78.3% 的村庄出现撂荒现象，山区耕地撂荒率为 14.3%。与此同时，土地"零租金"流转的现象非常普遍。2014 年中国收入分配研究院的抽样调查发现，重庆市的"零租金"流转耕地比例为 72%。基于 2014 年和 2017 年分别对重庆市武隆区、忠县和酉阳县等山区县的农户调研，发现"零租金"流转的比例为 79%（李秀彬等，2018）。

2. 国家粮食安全受到威胁

党的十九大报告强调要确保国家粮食安全，把中国人的饭碗牢牢端在自己手中。2016 年西部地区的农林牧渔业产值和粮食产量分别占全国的 29.36% 和 24.02%。西部地区乡村"空心化"、老龄化，土地撂荒现象的出现，使国家的粮食安全受到威胁。在种粮收益持续下降背景下，尽管当前中国粮食数量相对充足，但这并不意味着中国"粮食过剩"。这是因为：①当前中国农产品质量较低，安全、健康、营养、多样化的食物尚未保障。②进口粮食达到空前规模。目前中国粮食进口格局依然是大豆主导型，1990 年大豆进口为 0.1 万吨，占全国大豆产量的比重不足 0.01%；2016 年大豆进口数量高达 8391 万吨，是全国大豆产量的 6.48 倍。谷物类进口很大程度上受消费者对质量、安全性要求和食物偏好的驱动。③国内粮价已经远超加关税后的进口粮价（朱信凯和夏薇，2015）。④尽管 2003~2015 年中国粮食产量实现 13 年连增，但是自 2015 年以来粮食产量出现小幅度下滑。

（三）提高农业经济效益的思路与出路

提高农业经济效益，要从成本与价格两个方面着手：一方面，通过适度规模经营，提高经营效率，减少劳动使用数量，降低农业生产成本；另一方面，发展绿色品牌农业，满足消费者绿色、安全的食物需求，提高农产品差异化与价格。通过降低成本、提高价格，拉升农业利润空间，促进农业现代化发展。

二、适度规模与农业发展

农地是否具有规模经济性？土地规模质疑论者认为土地规模经营之后，农村剩余劳动力的就业问题无法妥善解决，劳动过程的监督问题也无法解决。在工业化和城镇化的双重推动下，农村剩余劳动力的就业问题得到了较好的解决。农户通过家庭经营、建立健全的利益共同体等方式可以有效解决劳动监督等问题。因此，越来越多的学者支持农业适度规模经营。从国际趋势看，农地经营规模也呈现不断扩大的态势。日本自 20 世纪 80 年代以来农地的经营规模在缓慢扩大。美国从 20 世纪 30 年代到 80 年代中期，农场平均土地经营规模扩大近两倍。加拿大、德国、法国的农场平均规模也在不断加大（梅建明，2002）。

然而，经营规模并非越大越好，农业经营规模受耕地资源禀赋、地形、区位、气候等自然因素以及劳动力转移程度、技术水平、土地制度、农户可支配收入等社会经济因素的综合影响（陈秧分等，2015）。在现有生产力水平下，在控制了土地等级和地区变量后，以包含复种面积的土地经营总面积计算，家庭综合农场的最优土地经营规模区间为 131～135 亩，"种粮大户"的最优粮食播种面积区间为 234～236 亩，分别相当于目前户均土地经营总面积的 5～6 倍和 9～10 倍（倪国华和蔡昉，2015）。

（一）适度规模经营与降低成本

农业适度规模经营，可以大幅降低成本：①农业适度规模经营，有利于形成土地规模经济，便于农户购置和使用大规模机械化设备。通过提高农业的机械化，用资本替代劳动，提高劳动效率，降低成本。②中国经济跨过"刘易斯拐点"之后，发展劳动集约型农业是现代农业的发展趋势。提高农业的机械化，也有利于减少用工数量，降低用工成本。③适度规模经营，可以有效降低劳动监督成本。农业具有非标准化、季节性、空间性等自身的特殊性，农业生产中劳动者容易偷懒，监督相对困难（徐宗阳，2016）。如果农业规模过大，就难以有效解决劳动监督问题。而适度的经营规模，尤其是通过家庭农场经营，雇用亲戚朋友劳动，或者建立健全的利益共同体等方式，可以有效地解决劳动监督和激励等问题。①

（二）适度规模经营的条件

1. 农村"空心化"与规模经营

由于农业经营的比较利益低下，农民弃农经商或进城务工，导致农村"空心化"。目前，我国村庄人口外出率和宅基地空废率分别大于 40% 和 30%（刘彦随，2018）。从分布区域看，由于西部地区是人口外出的主要输出区，因此西部地区是农村"空心化"的高值区（杨忍等，2012）。随着乡村人口的外出和乡村"空心化"，一些区域还出现了土地撂荒和耕地"零租金"流转现象。乡村"空心化"、土地撂荒和耕地"零租金"流转的出现，为土地规模经营创造了条件。

2. 资本进入与规模经营

构建现代农业产业体系，资金投入是个重要问题。改革开放以来，中国经

---

① 适度规模经营也能够提高农户在购买生产资料、销售产品过程中的谈判和议价能力，提高经营收益。

济的快速发展使企业家、农民都拥有了一定规模的资本，形成了"资本过剩"的环境。在政府财政资金大规模"反哺"农村的激励下，大量民间资本尤其是东北、东部和中部地区的民间资本流入西部地区的农业。在此推动下，土地流转率升高。

此外，为了提高农业和农户抗御自然灾害和意外风险的能力，按照政府支持、农户自愿参保的原则，实施农业产业保险制度。农作物保险范围的拓宽与逐步完善，降低了农业投资的风险，稳定了利润预期，提高了资本进入的信心。

3. 制度调整与规模经营

以家庭承包经营为基础、统分结合的双层经营体制，是我国农村的基本经济制度。改革开放以来，农村土地制度改革的路径是不断完善农村基本经营制度，明确农村土地农民集体所有是农村基本经营制度的根本，坚持现有土地承包关系保持稳定并长久不变，不断明确和强化承包农户对承包地的使用权、收益权、流转权、处置权，使农业基本经营制度法律化。中共十八届三中全会以来，农地制度最重要的创新是提出承包地的所有权、承包权、经营权的"三权分置"。2015 年《深化农村改革综合性实施方案》就农地"三权分置"做出了完整表述：落实集体所有权、稳定农户承包权、放活土地经营权。2017 年《农村土地承包法修正案（草案）》对农地"三权分置"给予了法律表达：土地集体所有权和承包经营权是承包地处于未流转状态的一组权利；承包土地的经营权流转后，承包方与发包方的承包关系不变，承包方的土地承包权不变；土地经营权可以依法采取出租（转包）、入股或者其他方式流转；土地经营权具有融资担保权（刘守英和王佳宁，2017）。土地制度约束的调整，稳定了农民预期，减小了制度障碍，促进了土地流转与规模化运营（程令国等，2016）。

（三）"地人钱文"与适度规模经营

适度规模经营的有效运转，需要在土地流转、种田能手、资本进入、文化融合四个方面加强引导、综合使力，起到促进土地适度规模经营的支撑作用。

（1）土地流转。土地有序流转是推动农业适度规模经营的核心关键。按照流转主体，土地流转代理关系可以分为三种类型：以农户为流转主体的私人流转模式，以集体经济组织为流转主体的政府主导模式，以市场土地中介为流转主体的市场导向模式。从经济绩效看，市场导向的代理模式通过竞争原则可以自发调节土地产权从低效率拥有者向高效率拥有者流动，具有较好的效率（董国礼等，2009）。在土地流转中，要明确农民土地产权，完善"三权分置"制度，以尊重农民意愿为基础，充分发挥村委会的作用，引导农民签订规范的流转合同，发展土地中介组织，建立和完善土地流转市场，形成农民收益与土地增值的联动机制，保障农民权益，促进农村土地有序流转。

（2）种田能手。实现农业适度规模经营，一方面，需要大批懂技术、懂市场、会管理、善经营的新型种田能手；另一方面，新型种田能手通过农业机械化、良种化、科技化、水利化、电气化等，成为推动农业适度规模经营、保障国家粮食安全的中坚力量（夏益国和宫春生，2015）。面对西部地区农业经营主体老龄化的问题和农业规模化发展的趋势，需要及早培育和壮大新型种田能手队伍。通过改善农业基础设施、加强职业农民培训、提供贷款便利和优惠农业保险、改善医疗养老保险体系等，将留在农村耕种二三十亩土地的中青年夫妇（新中农）发展成为新型种田能手的主力军（贺雪峰，2012）。同时，通过提供低息贷款、政府特别补贴、优惠政策性农业保险、与城镇职工医疗养老保险同等待遇等支持政策，鼓励外出务工者和农林类大中专毕业生到西部地区的农村创业，壮大种田能手队伍。

（3）资本进入。资本进入是推进土地规模经营的重要条件。推动农业适度规模经营过程中，一方面，需要综合考虑种田能手、家庭农场和工商企业三类经营主体的差异性，通过不设置最小土地流转规模限制，发挥各种经营主体的积极性，增加资本进入的渠道（谭林丽和孙新华，2014）。通过对宅基地/房屋、承包地经营权进行系统的市场价格估算，以这些产权为贷款质押，增加农户贷款的渠道。另一方面，又要充分认识到工商企业资本进入农业生产领域，会带来小农"挤出效应"、公共利益损害和产业安全挑战等问题，容易导致农民与企业和村庄的关系疏远，使工商企业成为吸纳国家财政专项资金的渠道。为此，必须规范引导工商资本进入农业生产领域，严厉制止以圈地圈地名义搞资本运作的工商企业资本进入农业领域（赵俊臣，2011）。鼓励工商企业资本进入农产品加工、流通以及农业科技领域（贺雪峰，2012）。此外，资本下乡经营农业导致土地非农化使用是一个比较普遍的现象，为此要严格规范用地性质，严禁用地性质改变而威胁国家粮食安全（焦长权、周飞舟，2016）。

（4）文化融合。促进农地适度规模经营，还需要加强外来资本与本地文化的融合。对于外来资本而言，容易经历"被阻拦收割""被人欺负""被大规模偷抢"等经营中的不顺利。这种现象发生的主要根源在于外来资本的"外来性"。外来资本进入农业适度规模运营，需要用乡土逻辑与村落社会发生互动，需要在乡土社会发展出"自己人"或者类似关系，融入本地文化，减小资本的"外来性"，从而成功扎根乡土，提高农业经营收入（徐宗阳，2016）。

三、绿色品牌与农业发展

（一）绿色品牌与提高价格

随着人民生活水平的提高，对绿色农产品的需求快速上升。由于国内绿色农产品的供给不足，国人对国外食品的进口飞速增长。2001 年仅食品及主要供食用的活动物进口额就为 49.76 亿美元，2016 年提高到 491.56 亿美元，增长了近 10 倍。为此，我们必须充分认识到当前中国人民对农产品绿色品牌的美好需求与国内农产品远远不能满足需求之间存在的激烈矛盾。

总体而言，西部地区昼夜温差大、日照时间足，生态环境整体好于中国东部、中部和东北地区，优越的自然环境特别适合于优质特色农业的发展。针对水源不足、土壤污染等问题，西部地区还探索了无土栽培、大棚农业等形式。近年来，西部地区已经形成了很多特色的品牌，比如西瓜、西红柿等，不仅销往中国的东中部地区，而且销往我国港澳台地区，甚至东南亚地区。这为西部地区农业的绿色品牌发展提供了重要的示范作用和先导条件。

凭借质量标准优势、品牌优势、市场进入壁垒较高、市场需求潜力大等特点，农产品绿色品牌的需求收入弹性较大，需求交叉价格弹性较小，具有相对较强的市场垄断优势和较高的市场渗透能力（奚国泉和李岳云，2001）。同时，绿色品牌农产品的这些特点，决定了其与普通农产品具有不同的定价策略。在充分考虑产品特性、细分市场需求特性的基础上，绿色品牌农产品可以针对不同的市场采取差异化的撇脂定价策略，从而提高农产品的附加值，增加农业经济效益（靳明等，2005）。

（二）农产品绿色品牌建设的路径

创建农产品绿色品牌，是一项系统工程，需要增强绿色观念和品牌意识，需要制定标准化体系、加强过程管理，需要延伸产业链条、增强文化内涵，需要强化终端监测、提高质量认证，需要改善谈判能力、拓宽直销渠道，需要打造区域品牌、规范市场秩序。

1. 增强绿色观念，树立品牌意识

建设生态文明是中华民族永续发展的千年大计。广大农户和业主在农业生产和加工中必须增强绿色发展的观念，坚持绿色生产方式，生产绿色产品。同时，要增强品牌意识。西部地区的农业绿色品牌发展过程中，政府要加强对农户和农业企业的宣传和引导。在具备条件的情况下，积极进行商标申报和注册登记，强化品牌管理，使其受到地理标志证明商标和自身商标的双重保护。

2. 制定标准化体系，加强过程管理

农业标准化为农产品的绿色化、规范化、产业化生产提供技术支撑，是打造绿色品牌的基础和前提（阎寿根，2000）。因此，要加大农业科技资金投入，尤其要整合政府各部门的助农资金，形成资金合力，完善农业科技创新体系、现代农业产业技术体系和农业科技推广服务体系（刘合光，2017）。在此基础上，通过对土壤、种子、浇水、施肥、病虫害防治、储藏、加工、包装等全过程各个环节制定和实施标准，充分借助互联网技术、智能化技术和物联网技术对农业生产产前、产中、产后进行安全监测与质量管理，从而确保农产品的质量安全，保障绿色发展。

3. 延伸产业链条，增强文化内涵

延伸农产品的链条，需要依托和培育龙头企业。龙头企业通过分析市场需求，研发和引进技术设备，培养研发队伍，深化农产品加工业的发展。与此同时，对农产品实施文化投入，使农产品不仅反映"食"的需要，也寄托特有的价值观、审美情趣和人文情怀，增强产品文化内涵（袁敏芳，2002）。

4. 强化终端监测，提高质量认证

终端监测、质量认证是建设农产品绿色品牌的最后监督与保障。政府的食药监、工商等部门，要严格履行无公害农产品、绿色食品和有机食品的质量监测，加强 ISO9000 认证、ISO14000 认证、ISO9001 质量管理体系和安全食品体系认证，保障产品进入市场之前的质量安全（郭守亭，2005）。同时，增加信息反馈渠道，强化媒体和群众的监督。

5. 改善谈判能力，拓宽直销渠道

小农户与大中间商之间权利极端不平等的交易，严重压缩了农户的经济利益。建设农产品绿色品牌中，必须保障农民的利益。成立农民自己的合作社，组建批发市场，提供储藏设备、市场信息、交易法规等服务，提高农户的谈判能力，建立销售方和购买方的相对均衡、对等的关系（黄宗智，2012）。同时，通过合作社，建立生产、加工、包装、销售的"纵向一体化"模式，消除众多为中间商所控制的物流和销售的流通环节，拓宽直销渠道，例如：①与学校、大企业、机关、部队、宾馆饭店等建立供销关系，建立稳定的销售渠道；②根据产品情况，在大中城市建立专卖店，专柜专销、直供直销；③与大型流通企业建立品牌联盟；④借助信息化和新媒体，扩大农产品品牌的辐射能力，拓展市场空间（郭守亭，2005）。

6. 打造区域品牌，规范市场秩序

西部地区的邻近区域之间往往具有相似的自然条件与相似的农产品，加强区域联合，减小恶性竞争，是打造区域农产品绿色品牌的重要条件。按照共商、共建、共享的原则，共同确定产品产量，借助会展经济、新媒体等渠道共同开展广告宣传，打造区域绿色农产品品牌形象，共享区域品牌的利益。同时，严厉打击假冒伪劣农产品的冲击和自砸牌子的行为，严厉打击垄断市场、炒作价格等行为，积极培育优良的市场竞争环境，为农产品绿色品牌的发展保驾护航。

需要说明的是，当前中国多数农产品的价格高于国外进口价格。发展绿色品牌、提高绿色农产品价格会在一定程度上增加人民的生活成本。但考虑到人们对绿色农产品的高度需求以及绿色农产品的建设和发展需要一个过程，这种影响不会很大。

第十一章 生态文明与可持续发展

党的十九大报告指出，建设生态文明是中华民族永续发展的千年大计。必须树立和践行绿水青山就是金山银山的理念，坚持节约资源和保护环境的基本国策，像对待生命一样对待生态环境，坚定走生产发展、生活富裕、生态良好的文明发展道路。西部地区是我国生态环境的脆弱区、我国生态环境的屏障区，生态文明建设意义重大。本章首先分析了西部地区各个省域的能源消费与能源效率，在此基础上依次从循环经济示范区、主体功能区、自然保护区、防护林系统等角度分析实现生态文明与可持续发展的路径。

第一节 能源消费与能源效率

一、西部能源消费快速增长[①]

改革开放以来，产业向东部沿海不断聚集，能源消费随之向东部迁移。随着西部大开发的推进，四川、内蒙古等西部省域成为高耗能区域。从能源消费增长率看，1986～2015年中国能源消费年均增长最快的十大省域中，西部占据了6席，分别是宁夏、青海、内蒙古、新疆、广西、云南（见图11-1）。西部大开发是西部资源富集省域能源消费快速增长的重要驱动力。

---

① 本部分参见胡安俊，孙久文．提升中国能源效率的产业空间重点［J］．中国能源，2018，40（3）：11-15．

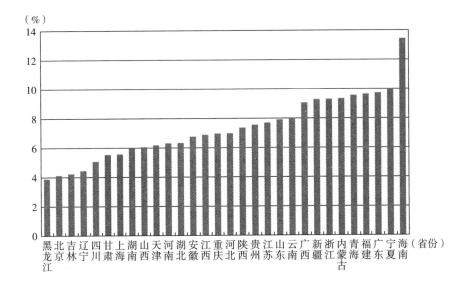

图 11 -1　1986 ~ 2015 年中国各省域能源消费年均增长率

资料来源：国家统计局，由 EPS DATA 整理。

二、西部能源效率较低且改善较慢[①]

从能源效率看，2015 年西部各个省域能源效率较低。全国能源效率最低的十大省域中，西部占据了 8 席，分别是宁夏、青海、新疆、贵州、内蒙古、云南、甘肃、广西。能源效率最高的上海为 7770.4 元/吨标准煤；最低的宁夏回族自治区为 796.4 元/吨标准煤，上海是宁夏的 9.8 倍（见图 11 -2）。这固然与产业结构的差异有关，但也与能源效率有关。

从能源效率的增长变化看，1986 ~ 2015 年中国能源效率提升最快的十个省域中，西部省域只有四川、甘肃；提升最慢的十个省域中，西部占据 8 席，分别是宁夏、青海、新疆、广西、云南、重庆、贵州、内蒙古。能源效率增长慢的省域主要分布在西部。如图 11 -3 所示。

通过比较 2015 年各个省域的能源消耗与能源效率，可以发现：西部地区不仅能源消耗多，而且能源效率低且提升较慢，是我国能源效率提升的重点区域。

---

① 本部分参见胡安俊，孙久文. 提升中国能源效率的产业空间重点［J］. 中国能源，2018，40 (3)：11 -15.

建设循环经济示范区是重要的改善路径。

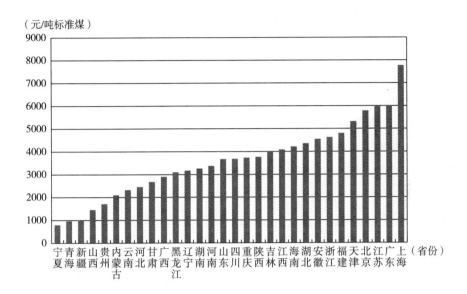

图 11-2　2015 年各省域能源效率比较

资料来源：国家统计局，由 EPS DATA 整理。

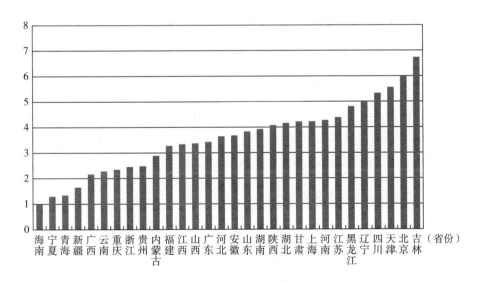

图 11-3　1986~2015 年各省域能源效率提升倍数

资料来源：国家统计局，由 EPS DATA 整理。

第二节 循环经济示范区建设

一、国家循环经济试点示范单位

为了提升资源利用效率,2005 年以来经国务院批准,国家发展改革委等六部委开展了两批国家循环经济试点示范工作,范围涉及重点行业(企业)、产业园区、重点领域以及省市,共计 178 家单位。从通过验收的两批国家循环经济试点示范单位看,西部地区共有 35 家单位通过验收。具体来看,第一批包括:包头铝业有限责任公司、内蒙古伊东资源集团股份有限公司、内蒙古乌兰水泥厂有限公司、内蒙古塞飞亚集团有限公司、内蒙古蒙西高新技术工业园区、广西贵糖(集团)股份有限公司、广西河池市南方有色冶炼有限责任公司、五粮液集团有限公司、宜宾天原集团股份有限公司、四川西部化工城、四川国栋建设股份有限公司、四川绵阳长鑫新材料发展有限公司、四川成都市青白江工业集中发展区、云南驰宏锌锗股份有限公司、云南锡业集团(控股)有限责任公司、贵州赤天化纸业股份有限公司、贵阳市、贵阳开阳磷化工集团公司、贵州茅台酒厂(集团)有限责任公司、瓮福(集团)有限责任公司、中钢集团西安重型有限公司、宁夏宁东能源化工基地、石嘴山市、新疆库尔勒经济开发区、中粮新疆屯河股份有限公司、新疆天业(集团)有限公司;第二批包括:重庆市(三峡库区)、长寿经济技术开发区、重庆钢铁(集团)有限责任公司、重庆发电厂、宜宾丝丽雅集团有限公司、陕西省杨凌农业高新技术产业示范区、甘肃省、青海省西宁经济技术开发区、青海省柴达木循环经济试验区。

二、国家循环经济试点经验

根据国家发改委、财政部印发的《关于印发国家循环经济试点示范典型经验的通知》,试点经验主要包括以下六个方面。

1. 加强立法,完善资金投入模式,推进循环经济协同机制

在循环经济促进法规定的原则下,制定省级条例或实施办法,并结合国家整体战略、地方发展水平和产业特点提出差异性政策;设立循环经济发展专项资金、

产业投资基金、股权投资基金，形成"投、贷、债"组合的多渠道资金投入模式；建立跨部门协调机制，加强顶层设计，统筹解决发展循环经济中的问题。

2. 补链招商，风险共担，建立稳定的循环经济产业链

依托园区主导产业，加强物质流分析，实行补链招商，增强产业关联度和耦合性。针对产业链运行保障机制不完善、抗风险能力弱的问题，推动上下游关联企业采取相互参股或合资等方式，形成循环发展的利益共同体，协商解决企业发展中遇到的价格波动、技术变化、产品质量、安全生产等问题，构建较为稳定的循环经济产业链。

3. 提高自身资源利用效率，搭建企业间废物利用交易平台

利用大数据开展信息采集、数据分析、流向监测，提高自身资源利用效率；同时，搭建废弃物交换利用信息平台，促进企业间通过信息平台开展标准化交易。

4. 嵌入第三方废物外包服务

针对企业废弃物处理不规范、不专业、形不成规模经济等问题，积极培育和壮大产业废物第三方外包式服务企业，提供废弃物回收、再生加工和循环利用的整体解决方案。

5. 发展再制造技术服务模式

加强再制造服务企业对设备使用状况进行全程跟踪，开展智能检测与故障诊断，建立信息服务体系数据库，促进资源管理和优化配置；积极发展移动式修复设备，由集中再制造向现场再制造发展；通过出租再制造产品使用权、承包产品后期维护维修等创新商业模式，降低产品使用成本，提高再制造的便利性和可操作性，拓展再制造空间。

6. 建立区域资源产出率统计评价机制

以物质流分析为基础，构建统测结合、可操作的资源产出率测算方式，建立主要资源的物质流账户，摸清资源生产和消耗底数，研究资源产出效率的提升路径和具体措施。

三、西部地区环境污染治理投资

在循环经济示范区建设的带动与示范作用下，各地区加大了环境污染治理投资。2015 年全国环境污染治理投资占 GDP 比重为 1.28%。其中，高于该值的区域有 15 个省（区、市），西部地区高于全国平均水平的有 8 个省（区、市）。

从具体数据看，新疆维吾尔自治区、内蒙古自治区、宁夏回族自治区居全国前三位，环境污染治理投资占 GDP 的比重分别为 3.1%、3.01%、2.98%。如图 11-4 所示。

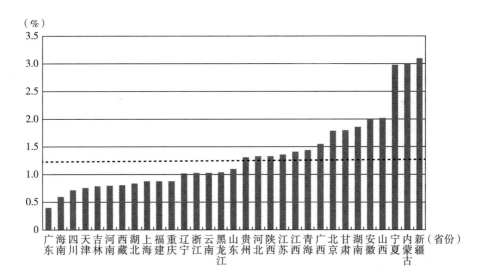

图 11-4　2015 年中国各省域环境污染治理投资占 GDP 比重

注：横向虚线为全国均值 1.28%。

资料来源：《中国环境统计年鉴》（2016）。

第三节　主体功能区规划

《全国主体功能区规划》将全国划分为优化开发区、重点开发区、限制开发区、禁止开发区四大类型。对于西部地区而言，主要包括后三种类型。本节做简要介绍，详细内容请参考国务院印发的《全国主体功能区规划》。

一、西部地区重点开发区域

国家重点开发区域是指具备较强的经济基础，具有一定的科技创新能力和较好的发展潜力；城镇体系初步形成，具备经济一体化的条件，中心城市有一定的辐射带动能力，有可能发展成为新的大城市群或区域性城市群；能够带动周边地区发展，且对促进全国区域协调发展意义重大的区域。

西部地区的重点开发区域包括呼包鄂榆地区、北部湾地区、成渝地区、黔中地区、滇中地区、藏中南地区、关中—天水地区、兰州—西宁地区、宁夏沿黄经济区、天山北坡地区。

二、西部地区限制开发区域

1. 农产品主产区

国家层面限制开发区（农产品主产区）是指具备较好的农业生产条件，以提供农产品为主体功能，以提供生态产品、服务产品和工业品为其他功能，需要在国土空间开发中限制进行大规模高强度工业化城镇化开发，以保持并提高农产品生产能力的区域。

全国的限制开发区（农产品主产区）主要包括"七区二十三带"。西部地区涉及长江流域主产区、汾渭平原主产区、河套灌区主产区、甘肃新疆主产区四大区域，以及西南小麦产业带、西南玉米产业带、西北西南马铃薯产业带、广西云南甘蔗产业带、云南天然橡胶产业带、西北肉牛肉羊产业带、西北奶牛产业带等产业带。

2. 重点生态功能区

国家层面限制开发的重点生态功能区是指生态系统十分重要，关系全国或较大范围区域的生态安全，目前生态系统有所退化，需要在国土空间开发中限制进行大规模高强度工业化城镇化开发，以保持并提高生态产品供给能力的区域。

西部地区的国家重点生态功能区包括阿尔泰山森林草原生态功能区、三江源草原草甸湿地生态功能区、若尔盖草原湿地生态功能区、甘南黄河重要补给生态功能区、祁连山冰川与水源涵养生态功能区、黄土高原丘陵沟壑水土保持生态功能区、桂黔滇卡斯特石漠化防治生态功能区、三峡库区水土保持生态功能区、塔里木河荒漠化防治生态功能区、阿尔金草原荒漠化防治生态功能区、呼伦贝尔草原草甸生态功能区、科尔沁草原生态功能区、浑善达克沙漠化防治生态功能区、阴山北麓草原生态功能区、川滇森林及生物多样性生态功能区、秦巴生物多样性生态功能区、藏东南高原边缘森林生态功能区、藏西北羌塘高原荒漠生态功能区、三江平原湿地生态功能区。

三、西部地区禁止开发区域

国家禁止开发区域是指有代表性的自然生态系统、珍稀濒危野生动植物物种的天然集中分布地、有特殊价值的自然遗迹所在地和文化遗址等,需要在国土空间开发中禁止进行工业化城镇化开发的重点生态功能区。

从类型上分,国家禁止开发区包括国家级自然保护区、世界文化自然遗产、国家级风景名胜区、国家森林公园、国家地质公园五大类型。从面积上说,自然保护区居于主导地位。以国家禁止开发区为例,国家级自然保护区面积为92.85 万平方千米,占国家禁止开发区整体面积的 77.4%。与此同时,自然保护区也是当前自然保护的重点和难点。为此,接下来对自然保护区进行单独分析。

第四节　自然保护区的分布与管理

根据《中华人民共和国自然保护区条例》(2017 年修订),自然保护区是指对有代表性的自然生态系统、珍稀濒危野生动植物物种的天然集中分布区、有特殊意义的自然遗迹等保护对象所在的陆地、陆地水体或者海域,依法划出一定面积予以特殊保护和管理的区域。自 1956 年我国建立第一个自然保护区以来,自然保护区建设得到了不断发展。根据中国生态环境部公布的《2015 年全国自然保护区名录》,全国共有国家级、省级、市级、县级自然保护区 2740 家,西部地区的自然保护区有 991 个,占全国的 36.2%。

一、西部各类自然保护区的数量分布

中国西部地区的自然保护区有 991 个。从西部地区各个省域看,内蒙古自治区最多,为 182 个。其次是四川省,为 168 个。再次是云南省,为 159 个。最少的是青海省,为 11 个。如图 11 -5 所示。

从自然保护区的级别看,中国西部国家级自然保护区为 193 个,占全国的45.09%;省级自然保护区为 343 个,占全国的 39.02%;市级自然保护区为 132个,占全国的 32.20%;县级自然保护区为 323 个,占全国的 31.57%。如表11 -1 所示。

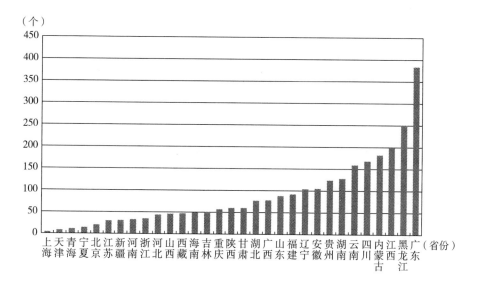

图 11 – 5 中国各省域自然保护区的数量分布

表 11 – 1 各类自然保护区的数量分布与西部比重

	国家级	省级	市级	县级
全国个数（个）	428	879	410	1023
西部个数（个）	193	343	132	323
西部比重（%）	45.09	39.02	32.20	31.57

资料来源：根据《2015 年全国自然保护区名录》整理。

二、西部各类自然保护区的面积特征

中国西部国家级自然保护区为 8760.85 万公顷，占全国的 90.80%；省级自然保护区为 2595.55 万公顷，占全国的 68.38%；市级自然保护区为 1870.68 万公顷，占全国的 40.13%；县级自然保护区为 5014.31 万公顷，占全国的 63.30%。如表 11 – 2 所示。

由于自然保护区数量众多，本书以甘肃省为例，列出国家级自然保护区名录。甘肃省共具有 60 个自然保护区，其中国家级自然保护为 20 个。如表 11 – 3 所示。

表 11-2 各类自然保护区的面积与西部比重

	国家级	省级	市级	县级
全国面积（公顷）	96489864	37956156	4661936.5	7921945.5
西部面积（公顷）	87608456	25955468	1870681.5	5014309.5
西部比重（%）	90.80	68.38	40.13	63.30

资料来源：根据《2015 年全国自然保护区名录》整理。

表 11-3 甘肃省国家级自然保护区名录

序号	保护区名称	行政区域	面积（公顷）	类型
甘 01	连城	永登县	47930	森林生态
甘 02	兴隆山	榆中县	33301	森林生态
甘 09	秦州珍稀水生野生动物	天水市秦州区	3010	野生动物
甘 11	民勤连古城	民勤县	389883	荒漠生态
甘 13	甘肃祁连山	天祝藏族自治县、肃南	2000000	森林生态
甘 16	张掖黑河湿地	张掖市甘州区、高台县	41164.6	内陆湿地
甘 17	太统一崆峒山	平凉市崆峒区	16283	森林生态
甘 19	安西极旱荒漠	瓜州县	800000	荒漠生态
甘 22	盐池湾	肃北蒙古族自治县	1400000	野生动物
甘 23	安南坝野骆驼	阿克塞哈萨克族自治县	396000	野生动物
甘 29	敦煌西湖	敦煌市	660000	野生动物
甘 31	敦煌阳关	敦煌市	88177.7	内陆湿地
甘 36	漳县珍稀水生动物	漳县	3775	野生动物
甘 41	白水江	文县、陇南市武都区	183799	野生动物
甘 48	小陇山	徽县、两当县	31938	森林生态
甘 50	太子山	临夏回族自治州、甘南	84700	森林生态
甘 51	甘肃莲花山	康乐县、临潭县、卓尼	11691	森林生态
甘 54	洮河	卓尼县、临潭县	287759	森林生态
甘 58	黄河首曲	玛曲县	203401	内陆湿地
甘 60	尕海—则岔	碌曲县	247431	野生动物

资料来源：中华人民共和国环境保护部官网。

三、自然保护区的管理

第一，必须按照核心区、缓冲区和实验区进行分类管理。核心区严禁任何生产建设活动；缓冲区，除必要的科学实验活动外，严禁其他任何生产建设活动；实验区，除必要的科学实验以及符合自然保护区规划的旅游、种植业和畜牧业等活动外，严禁其他生产建设活动。

第二，根据自然保护区的实际情况，实行异地转移和就地转移两种转移方式，一部分人口转移到自然保护区以外，一部分人口就地转为自然保护区管护人员。绝大多数自然保护区核心区逐步实现无人居住，缓冲区和实验区也应较大幅度减少人口。

第三，交通、通信、电网等基础设施要慎重建设，能避则避，必须穿越的，要符合自然保护区规划，并进行保护区影响专题评价。

第五节　防护林系统的建设与维护

中国西部自然环境恶劣，沙漠戈壁广布，为了保持水土、防止沙尘暴等恶劣天气，需要加强植树造林，建设防护林体系。

一、西部地区的沙漠戈壁

中国的沙漠主要分布在西北地区，代表性的沙漠有塔克拉玛干沙漠、古尔班通古特沙漠、库姆塔格沙漠、巴丹吉林沙漠、腾格里沙漠、乌兰布和沙漠、库布齐沙漠、毛乌素沙漠、柴达木沙漠、浑善达克沙地、科尔沁沙地、呼伦贝尔沙地等。从统计数据看，2015 年中国的沙化土地面积达到 17310.77 万公顷，其中流动沙丘面积为 4061.34 万公顷，戈壁为 6608.15 万公顷，两者占全国沙化土地面积的 61.6%。因此，主要分析这两类沙化土地的省域分布情况。

中国的流动沙丘主要分布于 20 个省、自治区、直辖市，总面积为 4061.34 万公顷，中国西部的流动沙丘面积为 4060.44 万公顷，占到全国总面积的 99.98%。从西部各个省域看，新疆维吾尔自治区的流动沙丘面积最大，占全国的 70.14%；其次是内蒙古自治区和甘肃省，分别占到全国的 20.88%、4.67%。如表 11-4 所示。

中国的戈壁分布于内蒙古自治区、西藏自治区、甘肃省、青海省、宁夏回族自治区、新疆维吾尔自治区六个省（区），都在西部。如表 11-5 所示。

表 11 - 4　2015 年中国流动沙丘面积分布　　　　　　　单位：万公顷

省份	面积	省份	面积
重庆	0.01	广东	0.34
湖南	0.02	云南	0.34
江西	0.06	四川	1.06
河南	0.06	陕西	2.83
广西	0.07	宁夏	10.78
山东	0.08	西藏	39.03
贵州	0.1	青海	120.11
辽宁	0.11	甘肃	189.48
福建	0.11	内蒙古	847.99
湖北	0.12	新疆	2848.64

资料来源：《中国环境统计年鉴》(2016)。

表 11 - 5　2015 年中国戈壁的省域分布　　　　　　　单位：万公顷

省份	面积	省份	面积	省份	面积
宁夏	9.80	青海	311.86	甘肃	679.31
内蒙古	707.69	西藏	1835.54	新疆	3063.95

资料来源：《中国环境统计年鉴》(2016)。

二、西部地区的水土流失

西部地区水土流失非常严重。2015 年，中国累计水土流失治理面积达到 115578.4 千公顷，其中西部地区累计水土流失治理面积达到 60230.3 千公顷，占到全国的 52.11%。2015 年，中国新增水土流失面积达到 5384.6 千公顷，西部地区新增水土流失面积达到 2972.8 千公顷，占到全国的 55.21%。

从西部各个省域看，到 2015 年累计水土流失治理面积最多的六大省域都在西部，它们分别是内蒙古自治区、四川省、云南省、甘肃省、陕西省、贵州省。六大省域的累计水土流失治理面积达到 50470.2 千公顷，占全国的 43.67%。其中，内蒙古自治区的累计水土流失治理面积达到 12597.2 千公顷，占全国的 10.90%。如图 11-6 所示。

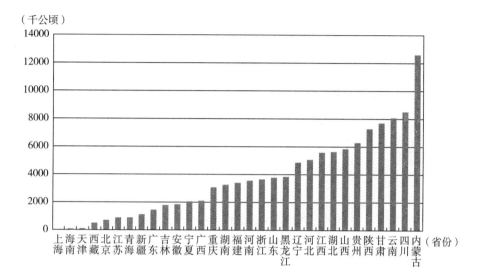

图 11-6 2015 年中国各省域累计水土流失治理面积

资料来源：《中国环境统计年鉴》（2016）。

从 2015 年当年新增水土流失治理面积看，陕西省、内蒙古自治区、四川省、云南省高居前四席，甘肃省和贵州省分别居于第六位和第七位。这六大省（区）的新增水土流失治理面积达到 2417.2 千公顷，占全国的 44.89%。如图 11-7 所示。

三、西部地区的防护林工程

为了治理风沙和水土流失等问题，中国政府实施了防护林系统工程。中国的防护林系统主要包括"三北"防护林系统、长江流域防护林系统、沿海防风林系统和平原防护林系统（李春阳等，1999）。其中，西部地区主要包括"三北"防护林系统和长江流域防护林系统。

1. "三北"防护林系统

"三北"防护林系统东起黑龙江宾县，西至新疆的乌孜别里山口，北抵北部边境，南沿海河、永定河、汾河、渭河、洮河下游、喀喇昆仑山，包括新疆、青

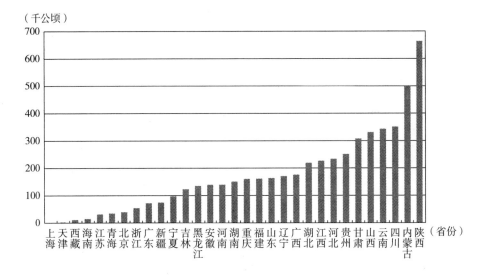

图 11 - 7　2015 年中国各省域新增水土流失面积

资料来源:《中国环境统计年鉴》(2016)。

海、甘肃、宁夏、内蒙古、陕西、山西、河北、辽宁、吉林、黑龙江、北京、天津 13 个省(区、市)的 559 个县(旗、区、市),总面积达 406.9 万平方千米,占我国陆地面积的 42.4%。这一工程从 1979 年至 2050 年,分三个阶段、七期工程进行,主要有四个目的:①通过阻拦牲畜保护现有的森林和草地植被,通过飞播和植树增加植被覆盖率;②为农田和草原建设防护林带;③为防风、固沙、控制土壤侵蚀与水文条件建设森林屏障,并提供薪柴与木材;④将树木、灌丛、草类、家畜和农作物整合为农林复合系统,以稳定环境,促进生产(李春阳等,1999)。

2. 长江流域防护林系统

长江流域防护林系统立足于长江流域森林资源保护和建设,构建完善的流域防护林体系,为长江流域经济社会可持续发展提供生态屏障。自 1989 年以来,已经实施了两期建设,目前正在实施第三期建设(2011 ~ 2020 年)。在 1989~2000 年第一期建设中,在 271 个县(市、区)实施了长江中上游防护林体系建设;1995~2000 年,在 36 个县(市、区)实施了淮河太湖流域综合治理防护林体系建设。在 2001~2010 年第二期建设中,实施了涉及整个长江流域、淮河流域及钱塘江流域的 17 个省(区、市)1033 个县的防护林体系建

设。2011～2020 年第三期建设，涉及 17 个省（区、市）的 1026 个县，面积
220.61 万平方千米［与第二期相比，将福建省六江二溪源头 32 个县（市、
区）和西藏雅鲁藏布江流域 28 个县（区）纳入建设范围］。着力实现四个目
标：一是构建较为完善的生态防护林体系，二是建成我国最重要的生物多样
性富集区，三是建成我国重要的森林资源储备库，四是构建我国应对气候变
化的关键区域。

　　长江流域防护林第三期建设共 16 个分区，涉及的西部地区的分区有 5 个：
江源高原高山生态保护水源涵养治理区、秦巴山地水土保持水源涵养治理区、
四川盆地低山丘陵水土保持治理区、攀西滇北山地水土保持治理区、乌江流域
石质山地水土保持治理区，涉及近 132 万平方千米。

　　总体来说，长江流域防护林体系所涉及的西部地区的分区共 6 个，如表
11-6 所示。

表 11-6　长江流域防护林体系在西部涵盖的范围

分区名称	范围
江源高原高山生态保护水源涵养治理区	本区为长江源区，位于青藏高原东部、含金沙江、雅砻江、大渡河及岷江上游流域，面积 60.0 万平方千米
秦巴山地水土保持水源涵养治理区	本区包括秦岭南部、大巴山及嘉陵江上游，面积 16.8 万平方千米
四川盆地低山丘陵水土保持治理区	本区为四川盆地低山丘陵区，面积 11.3 万平方千米
攀西滇北山地水土保持治理区	本区为金沙江、雅砻江下游地区，面积 19.0 万平方千米
乌江流域石质山地水土保持治理区	本区包括乌江、赤水河及南广河、永宁河流域，面积 15.1 万平方千米
三峡库区水土保持库岸防护治理区	本区为长江上游干流区，包括重庆、湖北的 47 个县（市、区），面积 9.8 万平方千米

资料来源：国家林业局印发的《长江流域防护林体系建设三期工程规划（2011～2020 年)》。

3. 防护林树种选择

　　树种选择不仅影响防护林树木成活、生长、发育，而且对防护林结构、防
护效应产生持久性影响。树种选择是防护林构建的最重要基础。防护林树种选

择应更加注重乡土树种，慎重外来树种（朱教君，2013）。同时，随着生态经济型防护林体系建设的发展，树种选择也要考虑将生态指标与经济指标相结合（柏方敏等，2010）。

四、西部地区的造林面积

为了保持水土、防风固沙，中国西部地区面临着严峻的造林任务。2004～2016 年中国西部造林面积从 3062.84 千公顷，增长到 3794.17 千公顷，增长了0.24 倍。如图 11-8 所示。

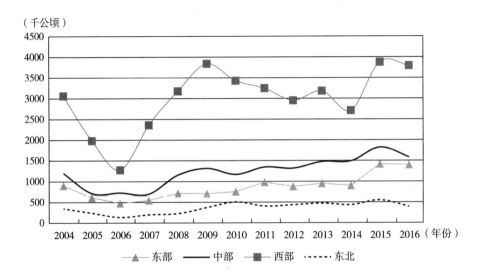

图 11-8　2004~2016 年中国四大板块造林面积演化

资料来源：国家统计局网站。

2016 年中国造林面积为 7166.97 千公顷，西部地区为 3794.17 千公顷，占全国的 52.94%。其中，内蒙古自治区的面积最大，达 618.48 千公顷；其次为四川省，达 568.36 千公顷；最后为云南省，达 496.45 千公顷。如图 11-9 所示。

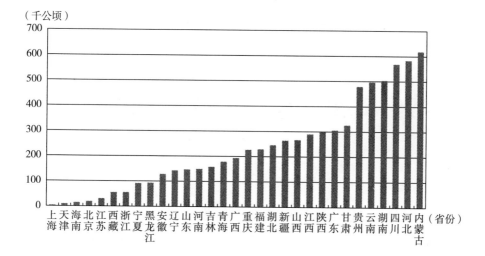

图 11 - 9 2016 年中国省域造林面积分布

资料来源：国家统计局网站。

第十二章 边境贸易与对外合作

对外开放是中国改革开放以来经济取得快速发展的重要动力。西部地区具有沿边的边境优势，通过积极开展对外合作，发展口岸和边境（跨境）合作区，促进经济发展，对维护边疆稳定和社会和谐等都具有重要意义。

第一节 边境贸易总体发展

从海关数据看，目前全国有42个海关，西部有13个海关，分别是满洲里海关、呼和浩特海关、南宁海关、成都海关、重庆海关、贵阳海关、昆明海关、拉萨海关、西安海关、乌鲁木齐海关、兰州海关、银川海关、西宁海关。从进出口总额看，西部进出口增长较快。1995年经过西部13个海关通关的进出口总额为97.08亿美元，占全国的3.46%；2015年进出口总额达2403.30亿美元，占全国的6.07%。如图12-1所示。

从出口总额看，西部出口总额增长较快。1995年经过西部13个海关通关的出口总额为34.86亿美元，占全国的2.34%；2015年出口总额达1277.04亿美元，占全国的5.61%。如图12-2所示。

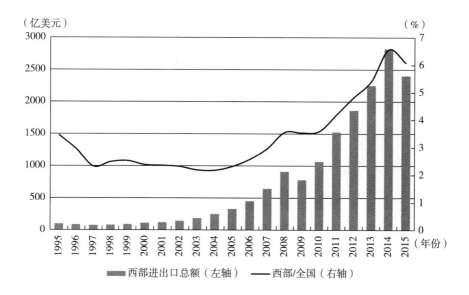

图 12 - 1 1995 ~ 2015 年中国西部 13 个海关进出口总额及占全国比重

资料来源：中国海关。

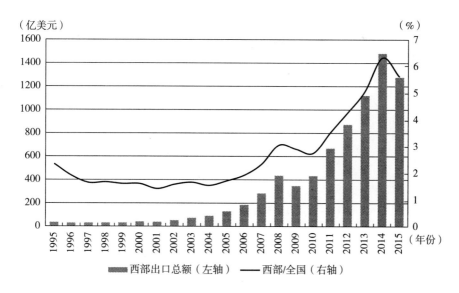

图 12 - 2 1995 ~ 2015 年中国西部 13 个海关出口总额及占全国比重

资料来源：中国海关。

第二节 边境贸易空间分布

一、13 个海关的总体贸易发展

从进出口贸易总额看，西部 13 个海关分布不平衡。2015 年南宁海关进出口总额最多，达 607.77 亿美元，而西宁只有 0.51 亿美元（见图 12-3）。从出口贸易额看，同样不平衡。2015 年重庆海关出口额最多，达 339.73 亿美元，而西宁海关尚不足 0.03 亿美元（见图 12-4）。

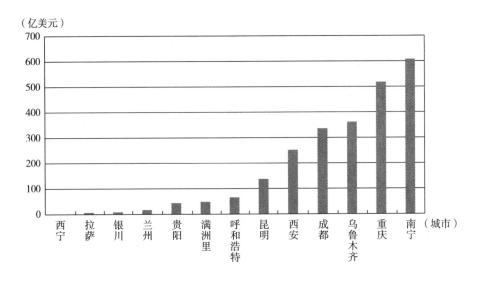

图 12-3 2015 年西部 13 个海关进出口总额比较

资料来源：中国海关。

二、满洲里和呼和浩特海关的贸易发展

满洲里海关、呼和浩特海关主要开展中俄、中蒙贸易。1995 年满洲里海关的进出口贸易总额为 8.48 亿美元，呼和浩特海关的进出口总额为 6.56 亿美元；2015 年满洲里海关的进出口贸易总额增长为 48.41 亿美元，呼和浩特海关的进出

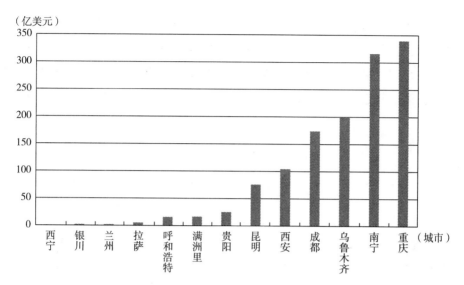

图 12 - 4　2015 年西部 13 个海关出口总额比较

资料来源：中国海关。

口总额增长为 65.81 亿美元。从增长变化趋势看，都呈现先上升后下降的特点。其中，满洲里海关从 2008 年以来总体呈现下降趋势，呼和浩特海关则从 2014 年出现下降特征。如图 12 - 5 所示。

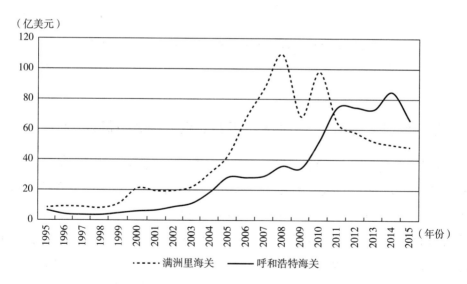

图 12 - 5　1995 ~ 2015 年满洲里、呼和浩特海关进出口总额

资料来源：中国海关。

1995 年满洲里海关的出口总额为 1.99 亿美元，呼和浩特海关的出口总额为 0.71 亿美元；2015 年满洲里海关的出口总额增长为 16.67 亿美元，呼和浩特海关的出口总额增长为 15.76 亿美元。从增长变化趋势看，满洲里海关总体呈现波浪上行趋势，呼和浩特海关则从 2011 年出现下降特征。如图 12 - 6 所示。

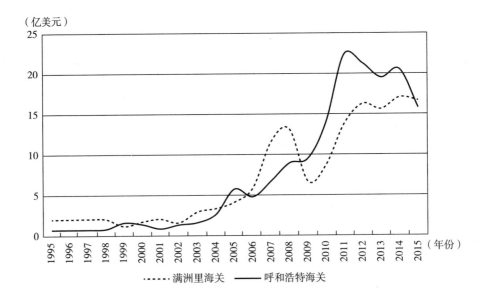

图 12 - 6 1995 ~ 2015 年满洲里、呼和浩特海关出口总额

资料来源：中国海关。

三、西安、乌鲁木齐、兰州、银川、西宁海关的贸易发展

西安、乌鲁木齐、兰州、银川、西宁海关主要开展中亚贸易。其中，乌鲁木齐海关的量最大，其次为西安和兰州海关，银川和西宁海关的量较小。1995 年西安、乌鲁木齐、兰州海关的进出口贸易总额分别为 8.32 亿美元、10.30 亿美元、2.67 亿美元；1997 年银川海关进出口总额为 0.18 亿美元，1999 年西宁海关进出口总额为 0.29 亿美元；2015 年西安、乌鲁木齐、兰州、银川、西宁海关的进出口贸易总额分别增长到 251.65 亿美元、361.39 亿美元、17.15 亿美元、8.39 亿美元、0.51 亿美元。如图 12 - 7 所示。

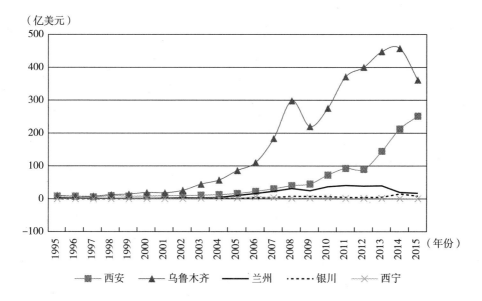

图 12 – 7　1995 ~ 2015 年西安、乌鲁木齐、兰州、银川、西宁海关进出口总额

资料来源：中国海关。

　　1995 年西安、乌鲁木齐、兰州海关的出口总额分别为 2. 40 亿美元、3. 20 亿美元、0. 72 亿美元；1997 年银川海关出口总额为 0. 02 亿美元，1999 年西宁海关出口总额为 0. 07 亿美元；2015 年西安、乌鲁木齐、兰州、银川、西宁海关的出口总额分别增长到 104. 34 亿美元、200. 03 亿美元、2. 02 亿美元、1. 99 亿美元、0. 02 亿美元。如图 12 – 8 所示。

四、南宁、成都、重庆、贵阳、昆明、拉萨海关的贸易发展

　　南宁、成都、重庆、贵阳、昆明、拉萨海关主要开展南亚、东南亚贸易。1995 年南宁、成都、重庆、贵阳、昆明、拉萨海关的进出口贸易总额分别为 23. 74 亿美元、9. 39 亿美元、8. 36 亿美元、1. 86 亿美元、16. 49 亿美元、0. 89 亿美元；2015 年南宁、成都、重庆、贵阳、昆明、拉萨海关的进出口贸易总额分别增到 607. 77 亿美元、335. 71 亿美元、518. 43 亿美元、43. 76 亿美元、137. 50 亿美元、6. 83 亿美元。其中，南宁、成都、重庆、昆明海关的进出口总额较大，贵阳和拉萨海关的数额较小。如表 12 – 1 所示。

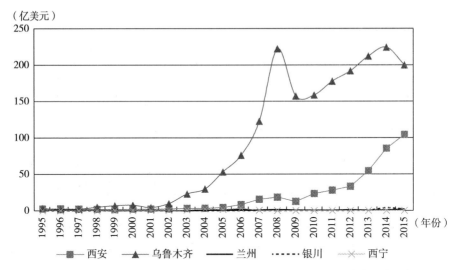

图 12 - 8 1995 ~ 2015 年西安、乌鲁木齐、兰州、银川、西宁海关出口额

资料来源：中国海关。

表 12 - 1 1995 年和 2015 年南宁、成都、重庆、贵阳、昆明、拉萨海关进出口总额

单位：亿美元

年份	南宁	成都	重庆	贵阳	昆明	拉萨
1995	23.74	9.39	8.36	1.86	16.49	0.89
2015	607.77	335.71	518.43	43.76	137.50	6.83

资料来源：中国海关。

1995 年南宁、成都、重庆、贵阳、昆明、拉萨海关的出口总额分别为 9.70 亿美元、3.71 亿美元、3.06 亿美元、0.47 亿美元、8.72 亿美元、0.18 亿美元；2015 年南宁、成都、重庆、贵阳、昆明、拉萨海关的出口总额分别增至 316.27 亿美元、173.87 亿美元、339.73 亿美元、25.39 亿美元、75.72 亿美元、5.23 亿美元。如表 12 - 2 所示。

表 12 - 2 1995 年和 2015 年南宁、成都、重庆、贵阳、昆明、拉萨海关出口总额

单位：亿美元

年份	南宁	成都	重庆	贵阳	昆明	拉萨
1995	9.70	3.71	3.06	0.47	8.72	0.18
2015	316.27	173.87	339.73	25.39	75.72	5.23

资料来源：中国海关。

第三节　口岸与合作区经济

2015 年西部地区进出口总额达 2403.30 亿美元，仅占全国的 6.07%。但是，从发展正义、保护弱者、富边兴民、民族团结、全面小康、边境稳定等角度出发，发展口岸经济与边境贸易具有重要的现实意义，理应受到本地政府的重视。

一、西部口岸发展

1993 年我国设立第一个边境陆路口岸，经过 20 多年的发展已经设立了 72 座边境陆路口岸。与沿海口岸比较，陆地口岸自然、社会背景差别较大。从自然环境入手，可以把边境口岸分为五种类型，分别是河流渡口型、海陆过渡型、阡陌相连型、高山垭口型、寒漠型（胡兆量，1993）。

1. 口岸经济发展的态势

我国西部的陆路口岸在空间上具有较强的聚集性，表现为内蒙古的东北部口岸群、新疆西北部口岸群和广西—云南西南部口岸群的分布特征（见表 12 - 3）。西部陆路口岸不仅是人才、资金、技术、商品流通的中介，也是我国连接东北亚、东南亚、中亚、欧洲的重要门户。经过 20 多年在基础设施、通关便利等方面的建设与改革，陆路口岸在串联外部市场方面发挥良好。目前，除了缅甸之外，中国已经是其余陆路边境国家的最大贸易伙伴（孟勐君，2020）。

2. 口岸经济发展的问题

过去几年，我们团队对内蒙古策克口岸、西藏的五个陆路口岸、吉林的珲春口岸、黑龙江的黑河口岸等进行了多次调研，并结合相关文献，认识到目前我国陆路边境口岸还存在一些问题，阻碍着口岸经济的进一步发展。突出表现为：

（1）边境地区经济发展水平较低。中国陆上邻国多为经济发展水平较低的国家，边境区域更是如此。较低的发展水平，既意味着较低的产品需求，也意味着较低的产品供给。这是阻碍边境贸易，特别是互市贸易的重要原因。

（2）贸易方式是典型的双边贸易。与沿海口岸不同，陆路口岸的贸易方式表现为"一对一"模式，无法实现"一对多"开放。因此，双边贸易很大程度上受制于邻国的态度和贸易政策。

表 12 - 3　西部地区重要的陆路口岸

省份	口岸	省份	口岸	省份	口岸
广西	友谊关	新疆	老爷庙	内蒙古	满洲里
	水口		乌拉斯台		甘其毛都
	东兴		塔克什肯		二连浩特
	凭祥		红山嘴		阿日哈沙特
	平孟		阿黑土别克		珠恩噶达布其
云南	瑞丽		吉木乃		满都拉
	畹町		巴克图		策克
	河口		阿拉山口		额布都格
	磨憨		霍尔果斯		阿尔山
	金水河		木扎尔特		室韦
	天保		吐尔尕特		黑山头
	腾冲猴桥		伊尔克什坦	西藏	亚东
	孟定清水河		红其拉甫		樟木
	打洛		都拉塔		普兰
	勐康		卡拉苏		吉隆
甘肃	马鬃山		托克满苏		日屋

资料来源：于晓华，方创琳，罗奎．丝绸之路经济带陆路边境口岸城市地缘战略优势度综合评估 [J]．干旱区地理，2016，39（5）：967 - 978.

（3）地缘政治的影响。边境陆路口岸，关系到国家的主权和领土完整以及边境地区的秩序稳定，是地缘政治的缩影。边境贸易受高度的政治敏感性的影响（孟勐君，2020）。

（4）口岸发展的体制机制问题。口岸地区的体制机制不顺，表现为两大方面：一是中央和地方的财权事权不匹配，导致地方政府在口岸建设中支出较多、从口岸经济中获利较少，从而影响了地方政府支持口岸经济的积极性；二是在口岸运行过程中，地方统一管理与垂直管理存在冲突，导致政出多门、口岸管理碎片化。

3. 口岸经济发展的提升途径

结合目前口岸经济存在的问题，应着力从以下三方面进行改革和完善，促进口岸经济发展。

（1）找准双边利益共享的契合点，建立双边合作机制，优化双边关系，增加双边政治互信，是促进贸易发展的重要前提。

（2）优化基础设施，促进贸易发展。加强道路、国门、检测检疫场所、员工宿舍等的建设与完善，优化升级检测设备，为贸易发展提供基础设施条件。

（3）推动供给侧结构性改革，提升地方政府积极性，促进通关便利化。通过供给侧结构性改革，理顺中央和地方关系，实现财权事权相匹配，减少地方政府在口岸建设中的支出比重，增加地方政府从口岸经济中获得的收益份额，提高地方政府支持口岸经济的积极性；同时，减少通关程序，加强双边口岸在技术标准、单证规则、数据共享等方面的合作，促进通关便利化。

二、西部边境/跨境经济合作区发展

邓小平南方谈话以后，沿边开放不断加快，边境/跨境经济合作区大多是在1992年左右建立的。在中央和地方的大力支持下，边境/跨境经济合作区取得了快速的发展。目前，我国的边境/跨境经济合作区共计19个，分布于内蒙古、广西、云南、新疆、辽宁、吉林、黑龙江7个省、自治区。其中，西部地区的边境/跨境经济合作区为14个。如表12-4所示。

边境/跨境经济合作区通过发挥前沿功能、基地功能和通道功能，加强政策沟通、设施联通、贸易畅通、资金融通、民心相通，通过衔接丝绸之路经济圈、大湄公河经济圈和喜马拉雅经济圈，不断深化边境经济合作。

具体而言，丝绸之路经济圈指由中国西北部的新疆维吾尔自治区、甘肃省西北部和内蒙古自治区西部与中亚诸国（哈萨克斯坦、吉尔吉斯斯坦、塔吉克斯坦、土库曼斯坦、乌兹别克斯坦）、俄罗斯联邦南部以及蒙古西部建立起来的经济合作延伸范围。充分发挥"一带一路"的作用，依托中国—亚欧博览会（乌洽会的升级版）等平台，在此范围内加强石油、天然气、煤炭、木材、日常用品、制造品的贸易与合作。

大湄公河经济圈指中国西南部的云南省、广西壮族自治区与中南半岛的越南、老挝、缅甸、泰国等国家建立起的经济合作延伸范围。在此范围内充分利用中国—东盟博览会、中国—南亚博览会、澜湄合作机制、孟中印缅经济走廊以及中老、中越、中泰、中印、中孟等合作机制和平台，加强油气管道、电力、

表 12 - 4 我国边境/跨境经济合作区分布与发展的产业

名称	隶属区域	对面国家	发展的产业
满洲里边境经济合作区	内蒙古	俄罗斯	木材加工、仓储物流、商贸
二连浩特边境经济合作区		蒙古国	进出口贸易、木材加工、矿产品加工
凭祥边境经济合作区	广西	越南	木材加工、农副产品加工、边贸物流
东兴边境经济合作区		越南	边贸、旅游、加工制造
畹町边境经济合作区	云南	缅甸	仓储物流、加工制造、商贸
河口边境经济合作区		越南	边境贸易、边境旅游、口岸物流
瑞丽边境经济合作区		缅甸	边境贸易、农副产品加工、边境旅游
中国老挝磨憨—磨丁经济合作区		老挝	物流、商贸会展、农产品加工
临沧边境经济合作区		缅甸	商贸物流、进出口加工、农产品加工
伊宁边境经济合作区	新疆	哈萨克斯坦	生物、煤电煤化工、农副产品加工
中哈霍尔果斯国际边境合作中心		哈萨克斯坦	商贸、跨境电商、会展
博乐边境经济合作区		哈萨克斯坦	纺织服装、石材集控、建材
塔城边境经济合作区		哈萨克斯坦	商贸、物流、进出口加工、旅游文化
吉木乃边境经济合作区		哈萨克斯坦	能源、资源进出口加工、装备组装制造
丹东边境经济合作区	辽宁	朝鲜	汽车及零部件、仪器仪表
珲春边境经济合作区	吉林	朝鲜、俄罗斯	纺织服装、木制品、能源矿产
和龙边境经济合作区		朝鲜	进口资源加工、边境贸易、旅游
黑河边境经济合作区	黑龙江	俄罗斯	边境贸易、木材加工、轻工产品加工
绥芬河边境经济合作区		俄罗斯	边境贸易、服装、木材加工

资料来源：http：//www. mofcom. gov. cn/xglj/kaifaqu. shtml，http：//ucoedu. cn/1461. html。

交通装备、轻工纺织、旅游等的贸易与合作。尤其是中缅经济走廊和中巴经济走廊的建设，对于缅甸、巴基斯坦而言，将实现其国内落后地区与发达地区的连接，有利于基础设施建设和完善，有利于工业园区、制造业和对外贸易的发展，有利于带动就业增长与经济快速发展；对于中国而言，经济走廊的建设对保障中国的能源安全、促进中国与南亚和东南亚的一体化发展等具有重要意义。

喜马拉雅经济圈指中国西南部的西藏自治区和印度、尼泊尔等国家建立起的经济合作延伸范围（周民良和杭正芳，2011）。在此范围内，地形环境较为复杂，经济发展水平较低，交易量较小，多为日常用品、食品、一般制造品的贸易与合作。

第十三章　西部发展战略与展望

党的十八大以来，国家陆续提出了多个国家战略。其中，"一带一路"倡议、长江经济带战略、黄河流域生态保护与高质量发展战略等，对西部地区的发展提供了难得的机遇。新一轮西部大开发战略的实施，必将进一步促进中国区域协调发展，加快形成国内国外双循环格局。

第一节　"一带一路"倡议与西部发展

当今世界正处于百年未有之大变局。2008 年金融危机之后，国内外环境发生了很大变化。首先，金融危机导致个人财务急剧缩水、资产负债表恶化和产能过剩等问题。再加上长期信奉新自由主义，放松了资本管制，减少了公共供给，控制了劳工组织，扩大了收入分配差距（斯蒂格，2013）。需求不足引致民粹主义兴起，国际贸易保护主义不断抬头。其次，国内"刘易斯拐点"的到来、长期外汇管制导致货币超发与大规模借债投资等因素综合作用下，企业运行成本快速提高。在此背景下，2013 年习近平总书记先后提出建设"丝绸之路经济带"和"21 世纪海上丝绸之路"的倡议。2015 年 7 月 21 日，"一带一路"建设推进工作会议正式划定新亚欧大陆桥、中蒙俄、中国—中亚—西亚、中国—中南半岛、中巴、孟中印缅六大国际经济走廊作为今后"一带一路"的重点推进方向。

"一带一路"建设既是国内经济转型升级的需要，也是对外开放战略的一次重大调整。"一带一路"倡议以政策沟通、道路联通、货物畅通、货币流通和民心相通构建全方位、网络状、系统性对外开放格局。在"一带一路"建设的推动下，西部地区与中亚、西亚、俄罗斯、欧洲的空间距离进一步压缩，西部成为开放的前沿。再加上西部地区电力资源丰富、土地指标较为充裕，东部一些耗电、耗地，向中亚、西亚、俄罗斯、欧洲出口的企业开始向西部转移。在西部加工后，向"一带一路"沿线国家出口相关产品。举个例子，欧力特石油钻具公司，是位于江苏省江阴市的一家高耗能企业——江苏依莱特石油科技有限公司在甘肃省金塔县注册的子公司，其产品主要出口伊朗和俄罗斯等国家。在政府与市场的双重驱动下，2018 年在甘肃省酒泉市金塔县注册成立。金塔县土地价格仅为江阴市的 1/100，电价为江阴市的 1/3，而且金塔县靠近"一带一路"建设兰新铁路，"一带一路"专列运输指标充裕，向伊朗、俄罗斯运输距离也较近、运输成本便宜。

西部各个省域对于"一带一路"沿线国家的进出口商品结构具有较大差异。从出口看，主要分为六种类型。类型 1（云南）出口商品结构多样，机械设备、化学制品及纺织服装均占较大比重；类型 2（陕西、重庆和四川）出口商品以机械设备为主；类型 3（新疆、甘肃和青海）出口以纺织服装为主，其次为机械设备；类型 4（内蒙古、贵州和宁夏）以化学制品出口为主，纺织服装也较多；类型 5（广西）出口较为多样，能源、金属制品、机械制造均有较大比重；类型 6（西藏）出口较为单一，以纺织服装为主（公丕萍、宋周莺和刘卫东，2015）。

从进口看，也主要分为六种类型。类型 1（新疆、青海和广西）主要进口能源，发展冶金炼化等资源密集型重化工业；类型 2（内蒙古、云南）主要进口矿物及非金属矿物制品；类型 3（陕西、四川、重庆）主要进口机械设备；类型 4（甘肃、贵州）主要进口矿物；类型 5（西藏）主要进口金属制品；类型 6（宁夏）主要进口塑料橡胶及机械设备（公丕萍、宋周莺和刘卫东，2015）。

以"一带一路"为契机，要重点做好以下工作：

一、大力推进对外开放

依托现有边境经济合作区，大力扩大沿边地区的对外开放步伐，在满洲里、二连浩特、霍尔果斯、喀什、瑞丽、河口、东兴等城市设立自由贸易园区。支持内陆城市开辟航空港或陆港自由港，增开国际客货运航线，发展多式联运，形成横贯东中西、联结南北方的对外经济走廊。

二、对外投资模式选择

根据投融资方式和中国企业参与运营的程度可将"一带一路"建设项目分为三大类型（刘卫东、姚秋蕙，2020）。

（1）以工程总承包（EPC）为基础的项目。它又包括三种类型，一是中国提供或牵头提供融资的"工程总承包＋中国融资"类（EPC＋F）项目；二是项目在完工后，由于东道国缺乏运营能力，中国建设企业需要负责运营一段时间的项目，形成"工程总承包＋短期运营"模式（EPC＋O）；三是在某些情况下承包建设工程的中国企业需要作为股东进行部分投资，并参与到项目运营中来的项目，这催生了"工程总承包＋部分投资"的模式（EPC＋I）。

（2）以特许经营为基础的项目。包括最近发展很快的 PPP 项目以及历史悠久的 BOT/BOOT 项目。这类项目一般集中在低回报率的长期性公共服务领域，如供水、污水处理等。

（3）中国企业的对外直接投资。可分为以下四种类型：一是参加资本，不参与经营，必要时派遣技术人员和顾问担任指导；二是开办合资企业，由双方共同投资并派遣拥有代表权的人员参加经营；三是收买现有企业；四是开设子公司。

对外投资时，需要根据项目的性质、项目收益、国家的债务和信誉情况、政治稳定等情况，进行综合分析，并结合世界各国对外投资的经验，慎重选择适合的投资模式。

三、积极引导产业向西部转移

"一带一路"建设改善了西部的开放环境与区位条件，在此基础上，借助市场和政府的双重力量，尤其是国家对西部在土地、电力等方面的优惠政策，引导国际产业与中国东部产业向西部转移，特别是向西部重要的都市圈区域（成渝城市群、滇中城市群、黔中城市群、关中城市群、兰西城市群、宁夏沿黄城市群、呼包鄂榆城市群、乌昌石城市群等）进行产业转移，从而增强西部的发展活力，进而在此基础上构建中国国内市场的"雁阵模式"和国内经济大循环格局。

四、着力提升河西走廊装备制造能力

河西走廊是通往"丝绸之路"经济带的咽喉要道，兰州是维护"丝绸之路"

安全的关键屏障。无论是在历史上还是现在，发展兰州的装备制造业对于稳定甘肃以及中国大西北都具有重要的装备战略地位。要以兰州新区的建设为契机，大力发展新兴产业、高新技术产业，提高兰州的装备制造能力（全毅，2016）。

五、积极建设边境经济区

围绕我国的口岸城市、边境经济区、跨境经济区等，进行经济建设。促进边疆地区的对外开放、边境贸易、通道枢纽建设和经济发展。在此基础上，有效遏制暴力恐怖主义、民族分裂主义、宗教极端主义"三股势力"，这对维护边疆长治久安和西部边境安宁具有重要意义。同时，西部边境经济区的建设，对于加快向西开放，形成中国能源资源进出和商品出口的多元渠道，保障国家经济安全等也具有重要意义。

第二节　长江经济带、黄河流域与西部发展

近年来，在国家发展战略的视角，除了"一带一路"建设和西部大开发战略，长江经济带、黄河流域生态保护和高质量发展两大国家战略对于西部地区的高质量发展是两个重大利好。

一、长江经济带与西部发展

2016年9月《长江经济带发展规划纲要》正式印发，长江经济带成为新时期我国经济社会发展的三大重大战略之一。长江经济带覆盖上海、江苏、浙江、安徽、江西、湖北、湖南、重庆、四川、贵州、云南11个省（区），面积约205万平方千米，人口和生产总值均超过全国的40%。

长江经济带建设，有利于从根本上改善生态环境，为全国提供良好的生态屏障；长江经济带建设，有利于统筹上下游发展，为国家区域协调发展提供战略保障；长江经济带建设，有利于国家"T"字形发展轴线的建设，为全国经济发展提供轴带支撑。

1. 绿色发展示范区

长江上游地区是我国大江大河的发源地，生态涵养功能要求高。中游地区

是我国重要的农业生产区，下游地区是我国人口、城镇和产业密集区。因此，长江经济带发展要抓大保护、不搞大开发，坚持生态优先绿色发展，打造成为国家生态文明建设的示范区。

各省（市）严格控制沿江高排放、高耗水等重化工企业的布局，大力推进沿江工业园区的生态化循环化改造，合理调整优化沿江城镇和人口布局，科学规划建设生产、生态和生活岸线，统筹协调水、岸、港、产、城等多要素的融合发展，为绿色发展提供有力支撑（高国力，2018）。

2. 区域协调发展示范带

绿色发展理念指导下的长江经济带发展，从产业转移、生态补偿、旅游发展三个方面，推动区域协调发展。

第一，长江经济带的建设，有利于上中下游的人员交流、货物相通、信息沟通，有利于下游产业向上游的转移，从而加速长江上下游的区域协调。

第二，通过生态补偿机制，下游为上游生态环境提供补偿，在促进上游生态保护的同时实现经济发展，有利于促进区域协调发展。

第三，生态环境的改善，有利于长江经济带旅游业的发展，从而带动区域经济发展。

3. 国家战略支撑区

长江经济带建设，特别是西部成渝城市群、黔中和滇中城市群的建设，有利于促进长江经济带轴线上西部增长极的建设，从而为西部发展提供要素聚集的机制。与此同时，长江经济带建设，特别是通过航道的开发、沿线铁路、沿线高铁、空港等的建设，有利于大幅度改善轴线的交通条件，有利于要素、产品和产业在轴线的交流，从而为国家"T"字形轴线的建设和完善提供支撑。

当前的中国经济进入新常态，经济发展需要寻找新的内生动力，"T"字形轴线的开发，有利于国家战略要素、创新要素的集聚开发，为国家经济发展和民族复兴提供支撑。

二、黄河流域生态保护和高质量发展与西部发展

2019 年 9 月 18 日，习近平总书记在黄河流域生态保护和高质量发展座谈会上强调指出，黄河流域是我国重要的生态屏障和重要的经济地带，在我国经济社会发展和生态安全方面具有十分重要的地位。

从空间地域看，黄河流域包括的省域有：青海省、四川省、甘肃省、宁夏回族自治区、内蒙古自治区、陕西省、山西省、河南省、山东省9省（区），流域总面积达到79.5万平方千米。

黄河流域是维护我国生态安全的重要区域，是保障国家粮食安全的重点区，是多元文化的集聚区，黄河流域生态保护和高质量发展对于全国和黄河流域都具有重大的现实意义。实现黄河流域生态保护和高质量发展，要重点做好以下工作（于法稳和方兰，2020）：

1. 促进水资源的"足量、优质、高效"利用

对"八七分水"方案进行优化调整，促进整个黄河流域水资源配置的优化；加强污染防治和监督检查，促进水资源质量的改进；宣传并形成节水意识，发展节水设备，促进水资源高效利用。

2. 促进生态环境的保护、恢复和建设

黄河流域的生态环境改善是一项系统工程，需要保护、恢复和建设三结合。生态环境的保护，包括生物多样性的保护，天然林的保护，水资源、耕地、森林、草地等的保护；通过水土流失治理、退耕还林还草和湿地恢复，促进生态环境修复；通过发展生态廊道，发展生态农业和美丽乡村，加强生态环境建设力度。

3. 促进产业转型、升级与绿色发展

借助新一代信息技术和人工智能，促进农业、工业、服务业的升级，在升级中不断提高质量，不断降低能源消耗和水资源消耗，不断提升品牌价值，满足人们日益增长的生态环境和产品需要。在生态环境改善中，达到"绿水青山就是金山银山"的目标。

第三节　西部大开发展望

经过20年的西部大开发，西部地区经济社会文化等方面都有了质的发展，未来西部需要在基础设施、脱贫攻坚、生态环境、优势产业、都市圈建设、"走出去"与"引进来"等方面加大发展力度。

一、继续完善基础设施条件

自西部大开发以来，经过四个"五年"规划的实施，西部的基础设施条件获得了极大的改善。但是，由于自然条件等方面的原因，基础设施条件仍然需要进一步改善。

要提高基础设施通达度、通畅性和均等化水平，推动绿色集约发展。要加强横贯东西、纵贯南北的运输通道建设，强化资源能源开发地干线通道规划建设。要注重高速铁路和普通铁路协同发展。要打通"断头路"、"瓶颈"路，加强出海、扶贫通道和旅游交通基础设施建设。要加强综合客运枢纽、货运枢纽（物流园区）建设。要加强航空口岸和枢纽建设，扩大枢纽机场航权。要进一步提高农村、边远地区信息网络覆盖水平。要合理规划建设一批重点水源工程、江河湖泊骨干治理工程和大型灌区工程，加强大中型灌区续建配套与现代化改造、中小河流治理和病险水库除险加固、抗旱水源工程建设和山洪灾害防治。要推进城乡供水一体化和人口分散区域重点小型标准化供水设施建设，加强饮用水水源地规范化建设（张永军，2017）。

二、继续优化生态环境质量

西部生态安全屏障是全国可持续发展的重要基础，优化西部生态环境质量关系到整个中华民族的伟大复兴。同时，"绿水青山"就是"金山银山"。优化生态环境质量是西部未来发展的重要增长点。

第一，加大水土保持、天然林保护、退耕还林还草、退牧还草、重点防护林体系建设等工程实施力度，稳步推进自然保护地体系建设和湿地保护修复。

第二，推进青海三江源生态保护和建设、祁连山生态保护与综合治理、岩溶地区石漠化综合治理、京津风沙源治理等。以汾渭平原、成渝地区、乌鲁木齐及周边地区为重点，加强区域大气污染联防联控。开展西部地区土壤污染状况详查，积极推进受污染耕地的分类管理和安全利用。

第三，坚持市场导向的绿色技术创新体系建设，实施节水行动以及能源消耗总量和强度双控制度。大力发展循环经济，全面推进河长制、湖长制。加强入河排污口管理，强化污水截流、收集、纳管工作。

三、继续挖掘优势产业潜力

西部持续发展的关键是产业，挖掘特色优势产业的潜力是发展产业的关键。要重点围绕以能源、资源深加工、装备制造业和战略性新兴产业、大数据、大健康、大旅游、大物流等为代表的产业，进行优化升级，促进蓬勃发展。

创新能力建设是推动产业升级的核心支撑。要优先布局建设国家级创新平台和大科学装置，创建国家自主创新示范区、科技成果转移转化示范区等创新载体，深化东西部科技创新合作，建设一批应用型本科高校、高职学校，加强知识产权保护、应用和服务体系建设，支持西部地区在特色优势领域的产业发展（张永军，2017）。

四、大力推动都市圈建设

西部地区地广人稀，对于人们出行、就医、上学等产生了很多不利影响。规模经济是西部地区发展的首要考虑原则。制订长远规划，通过土地、资金等支持政策的倾斜，逐步推动产业和人口向都市圈集中，是西部地区发挥因地制宜特点、发挥规模经济的根本之路（这与我国东中部地区的发展有些差异）。

发挥规模经济，推动都市圈建设，有利于集中优秀的教育、医疗、卫生等公共服务资源，从而大幅提升西部地区的公共服务层次和质量，有效缓解居民上学难、就医难等问题。发挥规模经济，推动都市圈发展，有利于交通等基础设施的布局，提高交通密度与可达性，便于居民出行。发挥规模经济，推动都市圈发展，有利于农村土地的规模化应用，提升农业效益，促进农业高效发展。发挥规模经济，推动都市圈发展，有利于第二产业和第三产业的互动发展，促进人口就业。发挥规模经济，推动都市圈发展，有利于发挥市场规模优势，促进国内经济大循环的建设。发挥规模经济，推动都市圈发展，有利于生态环境的保护和环境污染的集中处理，实现生态绿色可持续发展。

对于西部地区而言，发展都市圈就是要将人口和产业逐步有序地向呼包鄂榆地区、北部湾地区、成渝地区、黔中地区、滇中地区、藏中南地区、关中—天水地区、兰州—西宁地区、宁夏沿黄经济地区、天山北坡地区十大都市圈集中。这是一个长期过程，也是一个需要明确的发展战略问题。当然，发展都市圈并不是不要小城镇和乡村地区。对于条件较好的小城镇和乡村地区，比如靠近大都市的小城镇和乡村、旅游资源丰富的小城镇和乡村等，仍然需要重点发展。

五、"走出去"与"引进来"结合发展

西部地区的发展，一方面要依托"一带一路"建设逐步"走出去"。通过企业"走出去"，开拓经济发展的空间。根据发达国家的现代化发展经验，企业"走出去"分为三个方面：第一，货物"走出去"。通过提升货物质量、降低货物价格、提高货物品牌知名度，不断开拓国外市场。第二，管理"走出去"。把中国在经济发展过程中的经验，带到国外。比如，经济发展的招商引资、建造建设经验等，通过合作建立项目和工业园区等形式，引入国外，并促进东道国的发展。第三，资本"走出去"。在审慎分析投资国政治、经济、社会等安全因素的情况下，通过对外投资，把中国资本引入东道国的政府和企业中。通过三个方面的发展，不断推动人民币的国际化。

另一方面要以开放的胸怀"引进来"。一是引进国外的重要资源，比如石油、天然气、木材、矿物等，满足国内生产需求与国内经济安全；二是引进国际知名企业，促进国内外企业合作，提升国内企业的国际化水平和技术水平；三是引进国外的先进管理经验，提升自身的管理水平。

综上所述，西部地区要通过"走出去"和"引进来"结合发展，提升自身的发展能力与发展空间。

参考文献

［1］柏方敏，戴成栋，陈朝祖，杨楠．国内外防护林研究综述［J］．湖南林业科技，2010，37（5）：8–14.

［2］白永秀，何昊．西部大开发20年：历史回顾、实施成效与发展对策［J］．人文杂志，2019（11）：52–62.

［3］蔡永军，蒋红艳，王继方，等．智慧管道总体构架设计及关键技术［J］．油气储运，2019，38（2）：121–129.

［4］陈东林．中国共产党与三线建设［M］．北京：中共党史出版社，2014.

［5］陈秧分，孙炜琳，薛桂霞．粮食适度规模经营的文献评述与理论思考［J］．中国土地科学，2015，29（5）：8–15.

［6］陈钰．"两个大局"战略思想重塑中国经济地理［J］．当代经济管理，2014，36（12）：72–78.

［7］程令国，张晔，刘志彪．农地确权促进了中国农村土地的流转吗？［J］．管理世界，2016（1）：88–98.

［8］［美］丹尼·罗德里克．全球化的悖论［M］．廖丽华译．北京：中国人民大学出版社，2011.

［9］董国礼，李里，任纪萍．产权代理分析下的土地流转模式及经济绩效［J］．社会学研究，2009（1）：25–63.

［10］董志凯．中国共产党与156项工程［M］．北京：中共党史出版社，2015.

［11］［美］弗雷德里克·S.米什金．货币金融学［M］．北京：中国人民大学出版社，2011.

［12］高国力．强化长江经济带发展对高质量发展的带动作用［J］．中国党政干部论坛，2018（6）：65 – 68.

［13］公丕萍，宋周莺，刘卫东．中国与"一带一路"沿线国家贸易的商品格局［J］．地理科学进展，2015，34（5）：571 – 580.

［14］郭守亭．对我国实施农产品品牌工程的几点思考［J］．农业经济问题，2005（12）：61 – 64.

［15］韩俊．中国土地流转率达30%，正修订农村土地承包法［N］．腾讯财经，2015 – 05 – 18.

［16］韩峥．脆弱性与农村贫困［J］．农业经济问题，2004（10）：8 – 12.

［17］何传启．中国现代化报告2012——农业现代化研究［M］．北京：北京大学出版社，2012.

［18］贺雪峰．当下中国亟待培育新中农［J］．人民论坛，2012（9）：60 – 61.

［19］胡鞍钢，李春波．新世纪的新贫困：知识贫困［J］．中国社会科学，2001（3）：70 – 81.

［20］胡安俊，孙久文．中国制造业转移的机制、次序与空间模式［J］．经济学（季刊），2014，13（4）：1533 – 1556.

［21］胡安俊，孙久文．提升中国能源效率的产业空间重点［J］．中国能源，2018，40（3）：11 – 15.

［22］胡兆量．边境优势论与边境口岸建设［J］．城市问题，1993（3）：30 – 33.

［23］黄季焜，杨军，仇焕广．新时期国家粮食安全战略和政策的思考［J］．农业经济问题，2012（3）：4 – 8.

［24］黄群慧．中国工业化进程：阶段、特征与前景［J］．经济与管理，2013（6）：5 – 11.

［25］黄守宏．论市场经济条件下农业的基础地位［J］．经济研究，1994（1）：24 – 30.

［26］黄泰岩，王检贵．工业化新阶段农业基础性地位的转变［J］．中国社会科学，2001（3）：47 – 55.

［27］黄宗智．小农户与大商业资本的不平等交易：中国现代农业的特色

[J]．开放时代，2012（3）：88－99.

[28]［爱尔兰］R.基钦，［英］N.J.泰特．人文地理学研究方法［M］．蔡建辉译．北京：商务印书馆，2006.

[29]焦长权，周飞舟．"资本下乡"与乡村的再造［J］．中国社会科学，2016（1）：100－116.

[30]靳明，李爱喜，赵昶．绿色农产品的定价策略与博弈分析［J］．财贸经济，2005（3）：88－91.

[31]李春阳，Jarkko Koskela，Olavi Luukkanedn．中国的防护林系统：现状、问题与前景［J］．AMBIO－人类环境杂志，1999，28（4）：341－345.

[32]李江帆．中国第三产业的战略地位与发展方向［J］．财贸经济，2004（1）：65－74.

[33]李青．我国边境贸易的历史回顾与"十三五"发展的新特征［J］．区域经济评论，2015（2）：92－97.

[34]李晓，李俊久．"一带一路"与中国地缘政治经济战略的重构［J］．世界经济与政治，2015（10）：30－59.

[35]李秀彬，王亚辉，李升发．耕地的社保功能究竟还有多大？［N］．中国科学报，2018－06－25（7）．

[36]刘合光．乡村振兴的战略关键点及其路径［J］．中国国情国力，2017（12）：35－37.

[37]刘锦章．中国建筑业年鉴2019［M］．北京：《中国建筑业年鉴》杂志有限公司，2020.

[38]刘守英，王佳宁．长久不变、制度创新与农地"三权分置"［J］．改革，2017（10）：5－14.

[39]刘卫东，姚秋蕙．"一带一路"建设模式研究——基于制度与文化视角［J］．地理学报，2020，75（6）：1134－1146.

[40]刘彦随．中国新时代城乡融合与乡村振兴［J］．地理学报，2018，73（4）：637－650.

[41]马戎．新疆对口支援项目实施情况的调查分析［J］．中央民族大学学报，2014（1）：5－15.

[42]［美］曼弗雷德·B.斯蒂格．全球化面面观［M］．丁兆国译．北京：

译林出版社，2013.

[43] 梅建明．再论农地适度规模经营——兼评当前流行的"土地规模经营危害论"[J]．中国土地科学，2002（9）：31 – 35.

[44] 孟勐君．中国边境陆路口岸对外贸易的优势及提升路径[J]．国际商务论坛，2020（2）：22 – 25.

[45] [英] 尼古拉斯·克里福德，吉尔·瓦伦丁．当代地理学方法[M]．张百平，孙然好等译．北京：商务印书馆，2012.

[46] 倪国华，蔡昉．农户究竟需要多大的农地经营规模？[J]．经济研究，2015（3）：159 – 171.

[47] 农工党中央．关于加快我国信息通信产业发展和5G基础设施建设的提案[J]．前进论坛，2020（7）：59 – 60.

[48] 全毅．丝绸之路经济带建设与西部大开发：协同发展[J]．青海社会科学，2016（4）：19 – 26.

[49] 陶怀颖．创新实施乡村振兴战略的几点思考[N]．农民日报，2018 – 01 – 06（003）.

[50] 谭林丽，孙新华．当前农业规模经营的三种路径[J]．西南大学学报（社会科学版），2014，40（6）：50 – 56.

[51] 万俊毅，曾丽军，周文良．乡村振兴与现代农业产业发展的理论与实践探索[J]．中国农村经济，2018（3）：138 – 144.

[52] 王春才．中国共产党与三线建设[M]．北京：中共党史出版社，2014.

[53] 王国军，刘水杏．房地产业对相关产业的带动效应研究[J]．经济研究，2004（8）：38 – 47.

[54] 汪三贵．在发展中战胜贫困——对中国30年大规模减贫经验的总结与评价[J]．管理世界，2008（11）：78 – 87.

[55] [美] 西奥多·舒尔茨．对人进行投资[M]．吴珠华译．北京：商务印书馆，2017.

[56] 奚国泉，李岳云．中国农产品品牌战略研究[J]．中国农村经济，2001（9）：65 – 68.

[57] 夏益国，宫春生．粮食安全视阈下农业适度规模经营与新型职业农民

［J］．农业经济问题，2015（5）：56－64．

［58］谢君君．教育扶贫研究述评［J］．复旦教育论坛，2012（3）：66－71．

［59］徐宗阳．资本下乡的社会基础——基于华北地区一个公司型农场的经验研究［J］．社会学研究，2016（5）：63－87．

［60］阎寿根．标准化：品牌农业和品牌战略的基础［J］．中国农村经济，2000（9）：24－26．

［61］［德］扬－维尔纳·米勒．什么是民粹主义［M］．钱静远译．北京：译林出版社，2020．

［62］杨立雄．高度重视扶贫攻坚中的返贫问题［J］．中国民政，2016（5）：18－20．

［63］杨忍，刘彦随，陈秧分．中国农村空心化综合测度与分区［J］．地理研究，2012，31（9）：1697－1706．

［64］于法稳，方兰．黄河流域生态保护和高质量发展的若干问题［J］．中国软科学，2020（6）：85－95．

［65］于晓华，方创琳，罗奎．丝绸之路经济带陆路边境口岸城市地缘战略优势度综合评估［J］．干旱区地理，2016，39（5）：967－978．

［66］袁敏芳．关于我国农产品创建名牌的若干思考［J］．北京大学学报，2002（S1）：63－67．

［67］［美］约翰·罗尔斯．正义论（修订版）［M］．何怀宏，何包钢，廖申白译．北京：中国社会科学出版社，2014．

［68］张强，张怀超，刘占芳．乡村振兴：从衰落走向复兴的战略选择［J］．经济与管理，2018，32（1）：6－11．

［69］张永军．西部大开发新格局——新时代、新思想、新征程［J］．西部大开发，2017（10）：84－87．

［70］赵济．新编中国自然地理［M］．北京：高等教育出版社，2015．

［71］赵俊臣．土地流转：工商资本下乡需规范［J］．红旗文稿，2011（4）：14－16．

［72］郑功成．中国社会保障改革：机遇、挑战与取向［J］．国家行政学院学报，2014（6）：24－32．

［73］郑桂生．石油储运中智能设施的应用分析［J］．化工管理，2013
（7）：130.

［74］中国汽车流通协会．2019中国汽车市场年鉴［M］．北京：中国商业
出版社，2019.

［75］钟开斌．对口支援：起源、形成及其演化［J］．甘肃行政学院学报，
2013（4）：14 – 24.

［76］周济．智能制造——"中国制造2025"的主攻方向［J］．中国机械
工程，2015，26（17）：2273 – 2284.

［77］周民良，杭正芳．以边境经济合作区建设推动兴边富民进程［J］．
开发研究，2011（1）：10 – 14.

［78］周强，汪宁渤，冉亮，沈荟云，吕清泉，王明松．中国新能源弃风弃
光原因分析及前景探究［J］．中国电力，2016，49（9）：7 – 12.

［79］周歆红．关注旅游扶贫的核心问题［J］．旅游学刊，2002（1）：
17 – 21.

［80］朱教君．防护林学研究现状与展望［J］．植物生态学报，2013，37
（9）：872 – 888.

［81］朱信凯，夏薇．论新常态下的粮食安全：中国粮食真的过剩了吗?
［J］．华中农业大学学报（社会科学版），2015（6）：1 – 10.

后 记

　　尽管从本科、硕士、博士到工作，我所做的都是宏观经济、技术经济与区域经济领域的研究，这为本书写作奠定了一定的研究基础。但是，考虑到本书的综合性和全面性，我着重从两个方面做了准备：一是广泛阅读相关书籍和文献，注重数据分析。近年来，阅读已经成为我的爱好，我陆续组织了两个读书会（中国人民大学区域经济读书会、中国社会科学院数量经济与技术经济研究所"回归经典"读书会），借此深入阅读经典著作。本书引用的相关书籍与文献很多是为读书会而准备的。书中进行了大量数据分析，多采用描述统计和结构比较方法，不求复杂，但求直观。二是注重实地调研，了解第一手资料。准备这部书的几年时间里，我先后到中国西部30多个城市进行了调研，通过与当地政府官员座谈、老百姓访谈、企业考察等方式，了解当地的实际情况。此外，根据中国社会科学院的统一安排，2018～2019年我到甘肃省酒泉市金塔县挂职副县长，金塔县是一个农业县，也是一个工业化加速发展的县，在西部地区具有一定的代表性，这为我了解西部经济社会发展提供了一个难得的"内部"观察契机。期望本书能够为大家了解西部提供一幅较为清晰的画像。

　　本书的完成，要感谢中国社会科学院数量经济与技术经济研究所"和谐、勤勉、坚守、卓越"的研究氛围，感谢所领导的热情关心，感谢所各位老师的大力支持，感谢中国社科院甘肃第四批挂职团、读书会团队等的交流讨论，感谢经济管理出版社付出的大量劳动，感谢家人和朋友们的默默支持！

　　需要说明的是，由于一些原因，书中的地图很少，在一定程度上影响了直观表达。尽管我付出了较多的努力，但面对"西部经济地理"这样一个十分综合的题目，书中还是有很多不足。敬请读者朋友们多多指导，我的邮箱是 85228678@qq. com，欢迎批评指正。

胡安俊

2020 年 4 月